쉼표,
인천

휴식이 필요한 당신을 위한 맞춤 인천 여행

쉼표, 인천

이환길 지음

차이나타운

무의도

송도 전경

사곶해변

자유공원

백령도

프롤로그

익숙한 상처 낯설게 바라보기,
새롭게 감동하기

사람이든 사물이든 시간의 흐름에 담겨 있는 모든 것들은 상처를 지닌 채 낡아간다. 신기한 것은 오래 낡을수록 많은 상처를 끌어안을수록 그 나름의 멋이 더해진다는 것.

오래된 항구 도시 인천은 그 나름의 멋이 가득한 곳이다. 1883년 개항된 이후, 수많은 꿈과 사연들이 오가던 동인천이 그러하고, 일제강점기 협궤열차의 아픈 질주가 서린 소래포구가 그러하며, 외롭게 저 홀로 바다에 그물을 던져야 했던 서해의 섬들이 그러하다. 바다를 향해 호기롭게 열린 자리였지만 육지의 출입구가 되어 갖은 억압에 시달리고 자유에 목말라야 했던 사연 많은 공간. 수많은 욕망이 자라고 무너졌던 곳이기에 그만큼 다양한 흔적을 지닐 수밖에 없을 터. 바다를 향해 얽히고설킨 옛 골목들은 오랜 노역에 시달린 인부의 잔주름 같다.

하지만 오늘날 낡음은 연륜으로, 상처는 개성으로 새롭게 다듬어지고 있다. 물자를 실어 나르던 항구 앞으로 유람선이 노닐고, 생채기 가득한 골목은 형형색색 그림들로 채워졌다. 청국과 일본이

지배하던 거리는 카페와 맛집이 그득한 문화의 거리로 탈바꿈했다. 고된 노역으로 물들었던 창고와 철교는 박물관으로 데이트 코스로 변했다. 상처투성이 속살 위로 깔끔한 새 옷을 차려입은 인천. 사람으로 치자면 자신만의 연륜이 쌓인 중년의 중후한 멋이랄까. 새로운 모습은 낡고 익숙했던 모든 것을 낯설게 바라볼 수 있도록 돕는다. 낯설게 바라봄으로써 외면했던 모든 것에 호감을 품을 수 있고, 호감 어린 시선으로 그 모든 풍경을 섬세하게 이해할 여지를 얻게 된다.

이 책은 이렇듯 인천을 낯설게 감각할 새로운 시선을 선사할 것이다. 이제 조금 다른 시선으로 인천의 바다를 즐기고, 골목을 누비며, 자유롭게 쉬어갈 수 있기를 기대한다. 하루를 기준으로 구분한 여행 코스는 짧은 시간 동안 인천을 더욱 깊이 들여다볼 수 있게 정렬했다. 개항장권에서 인천의 원도심을 거닐며 인천의 역사와 상처를 이해하고, 소래포구권에서는 인천의 싱싱한 열정과 활기를 느껴본다. 그리고 이 싱싱한 열정으로 완성해가는 마천루 가득한 송도국제도시를 바라보며 인천의 찬란한 미래를 가늠해볼 수도 있을 테다. 마지막으로 강화도권과 서해권 외딴섬을 여행하는 동안 오래도록 아껴두었던 인천의 아름다운 절경 속에 풍덩 빠져들기를 바란다.

오래 곁에 두고 있었지만, 미처 깨닫지 못했던 인천의 매력. 이제 새롭게 인천을 부둥켜안을 수 있기를. 그 열정에 크게 감동하고, 그 풍경에 깊이 쉬어가길 소망한다.

프롤로그 ● 16

여행의 시작

인천, 어떻게 갈까 ● 24
버스편
지하철편
열차편

인천, 어떻게 다닐까 ● 26
주요 버스
주요 지하철역
택시
렌터카
시티투어
관광안내소
주요 기관 문의처와 홈페이지
특산품과 기념품
축제와 행사

읽고 보고 가면 좋다 ● 32
날씨 ● 33
짐과 신발 ● 33

한눈에 보는 인천 ● 34

01 개항장권
인천의 옛 추억을 누리다

이것만은 꼭 ● 40

짜장면박물관 ● 42
송월동 동화마을 ● 48
자유공원 ● 53
신포국제시장 ● 56
배다리 역사문화마을 ● 60

여기도 한번 가보세요 ● 66
수도국산 달동네박물관
월미도

무엇을 먹을까 ● 74
만다복
원보
십리향
금산식당
인하의집
원조할머니냉면
신포우리만두 본점
월미도 덜렁이네 횟집
전주뼈다귀해장국
40년전통중식
씨싸이드
라파미글리아

어디서 쉴까 ● 82
팟알
시리우스
카페히스토리
담쟁이넝쿨
버브
개코막걸리
카페IC
재즈클럽 버텀라인

어디서 잘까 ● 88
에이스게스트하우스
상우재
베니키아호텔 바다의 별
끼룩끼룩게스트하우스
디데이모텔
호텔아띠

인천의 기억 따라 걷기 ● 94

02 소래포구권
인천의 싱싱한 열정을 맛보다

이것만은 꼭 ● 106

소래포구 ● 108
소래습지생태공원 ● 112
원인재 ● 116
문학야구장 ● 120

여기도 한번 가보세요 ● 126
인천대공원

무엇을 먹을까 ● 130
지연네숯불조개구이
소래정 호떡범벅
해심256호 / 한우가
청담비빔국수
제임스떡뽀끼
황해게장전문점

어디서 쉴까 ● 134
기다리다
커피하루
want some coffee
마추피추
디블헤피니스
캠프로터스

어디서 잘까 ● 140
모텔소라
폴로호텔
스텔라마리나호텔
SJ디자인호텔
스파펜션수목어
픽스게스트하우스

특별 권역 송도국제도시
인천의 미래를 여행하다

센트럴파크 ● 148
트라이볼 ● 149
커넬워크 ● 150
송도G타워 전망대 ● 152
오션스코프 ● 153
인천시립박물관 ● 154

무엇을 먹을까 / 어디서 쉴까 / 어디서 잘까 ● 155

03 강화도권
인천의 뒤뜰에 머물다

이것만은 꼭 ● 160

옥토끼우주센터 ● 162
전등사 ● 166
동막해변 ● 174
장화리 낙조마을 ● 178

여기도 한번 가보세요 ● 182
석모도
아르미애월드
마니산

무엇을 먹을까 ● 192
전등사 남문식당
일미산장숯불장어
반선
우리옥
허브파크
토가
물레방아식당

어디서 쉴까 ● 198
죽림다원
로즈베이
매화마름
숲길따라
도레도레
아모테
라메르
어서오시겨

어디서 잘까 ● 204
플로망스펜션
로맨틱큐브
호텔에버리치
아름다운사랑이머무는곳
전등사 템플스테이
배꽃집게스트하우스
아삭아삭순무게스트하우스
바다향기펜션
무지개펜션

**04 서해권
바다 위의 인천을 노닐다**

이것만은 꼭 ● 216

영종도 ● 218
신도·시도·모도 ● 226
무의도 ● 232
백령도 ● 240

무엇을 먹을까 ● 248
아로이아로이
해송쌈밥
황해해물칼국수
황신혜조개구이
예그리나레스토랑(르쏘메)
어부네
사곶냉면

어디서 쉴까 ● 252
카페오라
에스프레소25
폼페이커피
카페리푸
배미꾸미카페

어디서 잘까 ● 256
프라임게스트하우스
크라운게스트하우스
비앤비아다지오
빈티지게스트하우스 하루
아야미게스트하우스
호텔 휴 인천에어포트
이솔라펜션
리푸펜션
아일랜드캐슬

이렇게도 가보자

날짜별 코스 ● 262
당일치기 코스
1박 2일 코스
2박 3일 코스

테마별 코스 ● 263
가족과 함께하는 코스
근대사 일주 코스
날씨와 상관없는 박물관 코스
친자연주의 코스
저물 무렵 떠나는 낙조 코스
캠핑하기 좋은 코스
바다 곁에 놀고 먹는 코스
추천 풍경 코스

인천국제공항

여행의 시작

인천, 어떻게 갈까

★ 버스편

인천으로 갈 때

고속버스

도시	첫차	막차	소요시간
대전발	6:00	23:00	2시간
부산발	6:25	23:20	4시간 40분
광주발	6:05	23:05	4시간

인천에서 돌아올 때

고속버스

도시	첫차	막차	소요시간
대전행	6:00	23:00	2시간
부산행	6:00	23:00	4시간 30분
광주행	6:00	23:00	4시간

버스터미널 연락처

인천종합버스터미널 032-430-7114
대전복합터미널 1577-2259
동대구고속버스터미널 1588-6900
부산종합버스터미널 1577-9956

광주종합버스터미널 062-360-8114
전주시외버스공용터미널
063-272-0109
강화여객자동차터미널 032-934-9811

★ 지하철편

1호선 인천행(평일)

역	첫차	막차	소요시간
서울역	5:30	23:40	1시간 10분
구로역	5:00	24:01	50분
의정부	5:06	22:48	2시간

공항철도 인천국제공항행(평일)

도시	첫차	막차	소요시간
서울역	5:20	23:38	1시간 10분
김포공항	5:42	23:59	50분
계양	5:49	24:05	45분

★ 열차편 (코레일 1544-7788)

인천으로 갈 때

역	첫차	열차	막차	소요시간
대전역-인천국제공항역	5:55	KTX	18:11	2시간
부산역-인천국제공항역	5:00	KTX	16:30	3시간 45분
광주송정역-인천국제공항역	10:27	KTX	1일 1회	3시간 55분

인천에서 돌아올 때

역	첫차	열차	막차	소요시간
인천국제공항역-대전역	6:55	KTX	20:35	2시간
인천국제공항역-부산역	6:55	KTX	20:35	3시간 45분
인천국제공항역-광주송정역	15:50	KTX	1일 1회	3시간 55분

* 지하철은 평일, 토요일, 일요일과 공휴일 막차 시간이 다르므로 미리 확인하자.
* 서울에서 강화도로 가는 직행버스 3000번은 신촌오거리 2호선 신촌역정류장에서 타면 된다. 배치 간격은 16분이다.

인천, 어떻게 다닐까

1. 주요 버스

인천 시내버스

2번 월미도, 인천역, 동인천역, 배다리 역사문화마을
4번 인천종합터미널, 문학경기장, 신포국제시장, 동인천역
6번 송도, 문학경기장, 인천종합터미널, 동인천, 신포국제시장
9번 센트럴파크, 신포국제시장, 동인천역
11번 문학경기장, 인천종합터미널, 인천대공원
21번 소래포구, 인천종합터미널, 배다리 역사문화마을, 동인천역
45번 월미도, 차이나타운, 동인천역
202번 잠진도선착장, 인천국제공항, 삼목선착장
740번 송도, 인천시립박물관
908번 송도, 센트럴파크, 원인재, 인천종합터미널
909번 송도, 원인재, 인천대공원

인천 시내와 강화군을 잇는 버스

좌석버스 800번 인천종합터미널–강화시외버스터미널
간선버스 700번 인천종합터미널–강화시외버스터미널
일반버스 90번 경인교대입구–강화병원

강화 군내버스

1번(강화순환버스-반시계방향순환) 강화시외버스터미널, 동막해변, 전등사, 장화리, 외포리
2번(강화순환버스-시계방향순환) 강화시외버스터미널, 전등사, 동막해변, 장화리, 외포리
3번 강화시외버스터미널, 옥토끼우주센터, 전등사, 동막해변, 장화리
4번 강화시외버스터미널, 장화리, 동막해변, 전등사, 옥토끼우주센터
37번 강화시외버스터미널, 아르미애월드
40번 강화시외버스터미널, 아르미애월드

2. 주요 지하철역

인천역(1호선) 차이나타운, 송월동 동화마을, 자유공원, 월미도
동인천역(1호선) 신포국제시장, 배다리 역사문화마을, 수도국산달동네박물관, 자유공원, 월미도
문학경기장역(인천지하철) 문학경기장
원인재역(인천지하철, 수인선) 원인재
소래포구역(수인선) 소래포구, 소래습지생태공원
인천공항역(공항철도) 인천국제공항, 을왕리해변, 무의도(잠진도선착장)
운서역(공항철도) 신도 · 시도 · 모도(삼목선착장)

3. 택시

인천콜택시 032-503-1282
인천모범콜택시 032-542-1725
인천공항콜택시 032-288-7243
무지개콜택시 032-472-2815
을왕리콜택시 032-276-7243
강화콜택시 032-932-2829
온수리콜택시 032-937-2244
베스트콜택시 032-934-8585

4. 렌터카

AJ렌터카 인천점 032-432-1010
KT금호렌터카 인천점 032-881-8000
세진렌트카 인천점 032-818-9923
JK렌트카 032-834-2269
파트너렌트카 032-765-6124
OK렌터카 032-465-8582
프라임렌트카 032-934-2224

5. 시티투어

시내 코스

화요일부터 일요일까지 이용할 수 있고, 하루 총 4회 운영하며 월요일은 쉰다. 11:00(1회차), 12:00(2회차), 13:30(3회차), 14:30(4회차)에 인천역에서 출발해 각각 15:40, 16:40, 16:50, 17:30에 다시 인천역으로 돌아온다. 투어비는 1만 원이다.

1회차 인천역-한국이민사박물관-인천항갑문-컴팩스마트시티-인천대교-을왕리해변-경인아라뱃길-인천역

2회차 인천역-인천항갑문-인천대교-을왕리해변-인천대교기념관-경인아라뱃길-인천역

3회차 인천역-인천항갑문-소래어시장(소래역사관)-인천상륙작전기념관-인천역

4회차 인천역-인천항갑문-인천대교-인천대교기념관-경인아라뱃길-인천역

강화 코스

주말인 토요일과 일요일에 이용할 수 있고, 인천역에서 10:00에 출발해 17:00에 돌아온다. 투어비는 1만 원이고, 관광지 입장료는 본인이 부담해야 한다.

A코스 인천역-고려궁지-용흥궁-강화평화전망대-고인돌-강화인삼센터-인천역

B코스 인천역-초지진-광성보-전등사-농경문화관-강화인삼센터-인천역

예약 및 문의 032-772-4000, citytour.visitincheon.org

관광안내소

인천역 032-777-1330
월미도 032-765-4169
신포동 032-773-3900
인천종합버스터미널 032-430-7257
센트럴파크 032-777-1339
인천국제공항 032-743-0011
잠진도선착장 032-751-2628
강화시외버스터미널 032-930-3515
강화외포리 032-934-5565
강화초지진 032-937-9365

주요 기관 문의처와 홈페이지

인천투어 032-440-4045, itour.visitincheon.org
강화문화관광 032-930-3114, tour.ganghwa.incheon.kr
옹진관광문화 032-899-2114, www.ongjin.go.kr/tour

특산품과 기념품

밴댕이가득한집 인천시와 강화군에는 밴댕이타운이 조성돼 있다. 어선을 가진 사람들이 직접 운영하는 식당도 다수 있다. 032-932-6836

강화고려인삼센터 한국전쟁 이후 개성에서 내려온 인삼업자들이 강화에 머물면서 인삼 재배를 시작, 강화의 특산물로 자리 잡았다. 강화는 기후, 토양 등 인삼 재배에 최적의 환경을 갖추고 있다. 032-933-3550

강화약쑥 특유의 따뜻한 성질로 속이 냉하여 생긴 복통과 요통에 효능이 높다. 강화 특산물로 강화사자발쑥이라고도 한다. 032-937-3654

강화도령 화문석 물들인 왕골로 꽃무늬 등을 놓아 짠 돗자리다. 장인의 손길이 담긴 예술품이다. 032-934-6858

순무골 순무는 강화를 대표하는 농산물이다. 간질환, 당뇨, 고혈압 등의 치료에 효과가 있다. 032-933-2988

백령도 까나리액젓 백령도 부근의 청정해역에서 잡은 까나리와 천일염만으로 액젓을 담가 맛이 좋다. 032-836-9977

축제와 행사

자유공원 벚꽃축제 4월 중순, 자유공원
화도진축제 9월 말, 화도진공원
인천 · 중국 문화관광페스티벌 10월 초, 자유공원
펜타포트 락페스티벌 8월 초, 송도국제도시 일원
WILFE(We are In Love Festival) 9월 중순, 송도국제도시 일원
송도세계문화축제 9월 중순, 송도국제도시 일원
소래포구축제 10월 초~중순, 소래포구 일원
삼랑성역사문화축제 10월 초~중순, 전등사 일원
강화약쑥축제 6월 중순, 아르미애월드

읽고 보고 가면 좋다

 Book

『괭이부리말 아이들』
김중미

『중국인 거리』
오정희

『엄마의 말뚝』
박완서

『남생이』
현덕

『밤길』
이태준

『삼미 슈퍼스타즈의 마지막 팬클럽』
박민규

『골목빛: 골목동네에 피어난 꽃』
최종규

『실미도』
백동호

 Movie

〈고양이를 부탁해〉
정재은 감독
배두나, 이요원 주연

〈북경반점〉
김의석 감독
김석훈, 명세빈 주연

〈파이란〉
송해성 감독
최민식, 장백지 주연

〈시월애〉
이현승 감독
전지현, 이정재 주연

〈도희야〉
정주리 감독
배두나, 김새론 주연

〈인천〉
테렌스 영 감독
재클린 비셋, 로렌스 올리비에 주연

 Drama

〈별에서 온 그대〉
장태유 연출
박지은 극본
전지현, 김수현 주연

〈육남매〉
이관희 연출
최성실 극본
장미희, 최종원 주연

〈풀하우스〉
표민수 연출
민효정 극본
비, 송혜교 주연

날씨

한겨울 바닷가의 매서운 겨울바람을 빼고는 대체로 온화한 기후다. 특히 자유공원과 인천대공원, 강화도와 서해의 섬은 봄이면 지천으로 피어나는 들꽃과 가을철 나무의 섬세한 색감이 여행에 흥을 돋운다. 여름이면 바닷가 도시 특유의 활기에 젖어 더위를 잊을 수 있다. 딱히 발길을 가로막는 못된 날씨는 없으나, 장마철과 겨울철에 해무가 잦아 자전거나 자동차로 여행을 계획하는 이들은 주의할 필요가 있다.

짐과 신발

대중교통이 잘 발달한 인천은 여행을 다니기에 더할 나위 없이 편리한 도시다. 무거운 짐 역시 지하철역 물품보관함에 두고 다니면 그만이다. 하지만 인천 시내를 벗어난 강화도권과 서해권에서는 다소 발품을 팔아야 할 코스가 있다. 특히 섬 여행은 버스가 뜸하고 여행지가 서로 가깝지 않아 종종 걸어서 여행을 해야 한다. 이를 고려해 가급적 무거운 짐은 숙소에 보관하고, 편안한 운동화를 신을 것을 권한다.

04 서해권 ■ 백령도

전등사

북방한계선

* 백령도 방향 →

장화리 낙조마을

모도

시도

신도

을왕리해변

무의도

한눈에 보는 인천

01 개항장권

인천의 옛 추억을 누리다

인천의 옛 추억을 누리는 개항장 코스

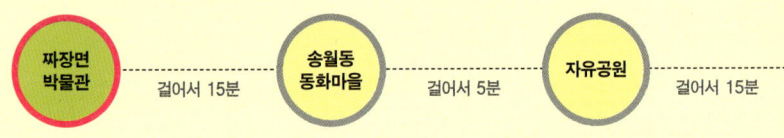

짜장면박물관 — 걸어서 15분 — 송월동 동화마을 — 걸어서 5분 — 자유공원 — 걸어서 15분

- 주요 장소
- 식당
- 카페
- 숙소
- 여기도 한번 (주요 시설)

■ 송월동 동화마을
송월초등학교
원조할머니냉면
인일여자고등학교
수도국산 달동네박물관 →
제물포고등학교
십리향
만다복
청일조계지 경계계단
● 인천역
● 제1패루
월보
인하의집
에이스게스트하우스 →
카페C 디데이모텔
■ 짜장면박물관
제물포구락부
■ 자유공원
● 홍예문
화교중산학교
● 호텔아띠
담쟁이넝쿨
카페히스토리
인성여자고등학교
● 성공회내동교회
팟알
시리우스
끼룩까룩 게스트하우스
인천개항박물관 (구 일본 제1은행)
중구청
근대건축전시관 (구 일본 제18은행)
인성초등학교 성우재
배다리 역사문화마을 →
← 월미도
월미도 덜렁이네 횟집, 금산식당, 버브, 베네키아호텔 바다의 별
한국외식업중앙회 (구 일본 제58은행)
개코막걸리
라파미글리아
전주뼈다귀해장국
신포우리만두 본점
인천아트플랫폼 (구 군회조점)
구 가와바타 창고
재즈클럽 버텀라인
40년전통중국식
● 답동성당
중동우체국(구 인천우체국)
씨싸이드
■ 신포국제시장

인천의 옛 추억을 누리다

신포국제시장 · · · · · · · 걸어서 15분 · · · · · · · 배다리 역사문화마을

걷기 난이도 ★★☆☆☆

여행지가 서로 근접해 있어 이동은 수월한 편이다. 단, 모든 여행지를 걸어서 둘러보아야 하는 만큼 다소 힘겨울 수 있으니 여유로운 걸음걸이가 필요하다.

언제 가면 좋을까

사계절 모두. 자유공원과 송월동 동화마을은 벚꽃과 봄꽃이 피는 4월과 5월이 좋고, 헌책 냄새 가득한 배다리 역사문화마을은 낙엽이 구르는 가을이 좋다.

본격적인 여행에 앞서

1. 개항장권의 여행지는 인천역과 동인천역을 중심으로 분포되어 있다. 인천역 바로 건너편의 차이나타운을 시작으로 사이사이에 숨어 있는 근대건축물이 많아 반드시 걸어서 둘러볼 것을 권한다. 다만 크고 작은 골목이 많아 지도 없이 길 찾는 것이 만만치 않으므로 인천역 종합관광안내소에서 미리 지도를 챙기도록 하자.

2. 개항장권에는 소문난 맛집이 많다. 차이나타운 짜장면거리, 밴댕이회무침거리, 동인천 삼치거리, 화평동 냉면거리 등 먹자골목과 인천에서 시작된 '원조 음식' 가득한 신포국제시장도 있으니 취향에 따라 선택하면 된다.

3. 동인천역 인근으로는 게스트하우스가, 월미도에는 모텔과 호텔이 모여 있다. 월미도에서 숙박을 할 경우 인천역에서는 2번, 15번, 23번 버스를, 동인천역에서는 2번, 23번, 45번 버스를 이용하면 된다. 택시를 타면 10~15분 거리이니 요금도 크게 부담 없다.

이것만은 꼭

★ **포춘 쿠키로 운세를 확인하기.** 차이나타운 곳곳에서 포춘 쿠키를 판매한다. 짜장면을 먹은 후 디저트로 재미 삼아 500원 정도 과감히 투자해보도록. 쿠키 안에 어떤 메시지가 담겨 있을지는 누구도 모를 일이다.

★ **벚꽃 눈에 묻혀보자.** 4월이면 자유공원의 경치는 절정에 달한다. 아름다운 벚꽃축제가 펼쳐지기 때문. 머리, 어깨 위로 우수수 쏟아지는 벚꽃잎이 공원을 새하얗게 뒤덮는데 마치 천국에 온 기분이다.

★ **동화 속 주인공과 기념사진을 찍자.** 송월동 동화마을 곳곳에는 포토존이 마련되어 있다. 굳이 포토존이 아니더라도 담장의 주인공들과 골고루 기념 촬영을 나누는 것도 좋겠다. 특히 언덕 중간에 위치한 네덜란드 풍차 조형물은 인기 만점. 실제로 바람에 돌아가는 예쁜 풍차는 거리에 생기를 불어넣는다.

★ **신포국제시장에서 닭강정에 콜라 한 잔.** 신포국제시장 명물 중에서도 으뜸은 닭강정이다. 원조 맛집은 시장 초입에 위치한 신포 닭강정. 다른 가게와 달리 온종일 줄이 길게 늘어져 있으니 찾는 데 어려움은 없다. 허기진 시간, 닭강정에 콜라 한 잔은 한여름 밤의 치맥보다 위대하다.

★ **중국식 점포와 일본식 점포 비교하기.** 차이나타운의 중국식 점포 거리를 화려한 공작새에 비유한다면 중구청 앞 일본식 점포 거리는 미끈하고 단정한 제비라고나 할까. 지붕의 모양부터 건물의 구조까지 서로 다른 건축 문화를 비교해보는 재미가 쏠쏠하다.

★ **바이킹 위에서 목 놓아 소리쳐보자.** 월미도 바이킹은 다른 유원지의 바이킹에 비해 크기는 작지만, 90도로 올라서는 고도의 스릴을 즐길 수 있다. 아니 스릴을 넘어 공포에 가깝다. 얌전하던 사람도 그 위에서는 성난 사자처럼 울부짖게 될 것이다. 스트레스는 그대로 굿바이다. 가끔 탑승 대기자가 없을 때는 두 번씩 태워주는 경우도 있다.

★ **애관극장에서 영화 한 편 즐기기.** 어떤 영화를 보느냐가 중요한 게 아니다. 120년 전에 세워진 영화관에서 영화를 관람한다는 사실이 매력적인 것이다.

★ **배다리 역사문화마을에서는 스페이스빔을 빼놓지 말고 방문하자.** 버려진 양조장을 전시공간으로 가꾼 이곳은 지역 예술가와 주민의 예술 작품들을 무료로 감상할 수 있다. 건물 2층에는 차를 마시고 책을 볼 수 있는 안락한 쉼터도 마련되어 있다.

짜장면은 문화다

짜장면박물관

인천 차이나타운은 짜장면이 최초로 탄생한 지역으로, 차이나타운의 역사는 짜장면의 역사와 함께했다 해도 과언이 아니다. 짜장면을 먹기 위해 굳이 차이나타운까지 찾아가지는 않겠지만, 차이나타운에서 짜장면을 먹지 않으면 섭한 건 사실.

차이나타운에서 출발한 짜장면은 오늘날 하루에만 700만 그릇이 팔릴 정도라 하니, 이만하면 '국민 음식'으로 표창이라도 줘야 하지 않을까. 사정이 이러하니 짜장면을 테마로 한 박물관, 짜장면박물관의 탄생이 이상하지 않다. 물론 누군가는 '짜장면이 박물관을 세울 만큼 대단한가?'라고 반문할 수도 있겠다. 하지만 짜장면을 음식이 아닌 문화로 이해한다면, 충분히 수긍할 것이다.

짜장면박물관은 짜장면을 하나의 문화로 바라보고 이와 관련한 다양한 콘텐츠를 관람객에게 제공한다. 화교의 역사와 짜장면의 역사는 기본. 짜장면박물관의 전신인 공화춘의 주방과 접객실을 옛 모습 그대로 재현했다. 자전거 뒷좌석의 철가방이나 짜장면 먹는 가족의 모습 등 짜장면의 전성기라 할 수 있는 1970년대 중국음식점의 풍경도 고스란히 옮겨와 관람객의 향수를 자극한다. 인스턴트 짜장면의 변천사를 하나하나 짚어주는 전시도 새롭다. 짜장면보다 감칠맛 나는 옛 추억을 맛보는 시간. 짜장면박물관은 짜장면 너머 우리네 오랜 생활을 보여주고 있다.

알고 가면 더 좋다

짜장면박물관은 인천역 앞 제1패루(중화가中華街)를 지나 삼거리에서 오른쪽으로 가면 찾을 수 있다. 본래 1980년대까지 중국 음식점으로 명성을 날리던 공화춘이 있던 자리로 인천광역시 중구에서 건물을 매입한 후 전시 공간을 마련해 2012년 4월 짜장면박물관으로 새롭게 개관했다.

짜장면박물관에서는 짜장면박물관의 입장권 외에 인천개항장 근대건축전시관, 인천개항박물관, 짜장면박물관을 합쳐 1700원에 관람할 수 있는 통합권도 판매하고 있다.

짜장면박물관 인근에 있는 한중문화관도 방문해보자. 중국문물전시실, 중국문화체험코너 등 중국을 여행하지 않고도 다양한 중국 문화를 체험하고 느껴볼 수 있는 열린 공간이다.

짜장면박물관이 있는 차이나타운에는 짜장면박물관 말고도 여러 볼거리가 있다. 특히 소설《삼국지》의 유비, 관우, 장비, 제갈공명 등의 무용과 지모를 소개하는 벽화가 그려진 150미터 길이의 삼국지 벽화거리는 차이나타운이 자랑하는 또 하나의 명소. 거리 중간쯤에는 삼국지의 주인공들과 사진을 찍을 수 있는 '삼국지 포토존'도 마련되어 있다.

삼국지 벽화가 그려진 담장은 화교중산학교의 담장이다. 화교중산학교는 긴 역사를 가지고 있는 화교 학교로 1934년 청국영사관이 있던 지금의 자리에 지어졌다.

중국식 사당인 의선당 또한 차이나타운의 볼거리 중 하나다. 사당에 들어서면 안을 꽉 채우는 향 냄새와 붉은 장식에 압도되어 마치 중국에 와 있는 듯한 기분이 들 것이다.

차이나타운을 알차게 돌아보고 싶다면 제1패루인 중화가를 시작으로 중국식 점포 거리, 의선당, 짜장면박물관, 삼국지 벽화거리, 화교중산학교, 한중문화관, 청일조계지 경계 계단 순으로 방문해 보자.

자유공원에서는 매년 인천·중국 문화관광 페스티벌을 개최하고 있다. 자세한 일정은 홈페이지(www.inchinafestival.co.kr)를 참고하면 된다.

의선당

차이나타운의 짜장면은 어떻게 탄생했나

자유공원 중턱에 위치한 인천 차이나타운은 1884년 이 일대가 청국조계지로 설정되면서 자연스럽게 형성됐다. 하나둘 중국요리집이 들어서기 시작하면서 인근 인천항에서 일하던 노동자들이 중국요리를 맛보기 위해 이곳을 자주 찾게 되었고, 이를 계기로 값싸고 손쉽게 먹을 수 있는 음식으로 짜장면을 개발한 것이다. 짜장면은 중국 본토의 작장면과 비교가 되곤 하는데, 중국 된장인 '미엔장'을 비벼 먹는 담백한 작장면과 달리 한국의 짜장면은 캐러멜을 첨가하고 물기를 적당히 유지해 맛이 더 달콤하고 부드럽다.

인천 주민 추천 ★★★★☆

"차이나타운 짜장면거리의 중국 음식점은 30여 개에 달합니다. 가장 유명한 건 짜장면이지만, 양꼬치, 월병, 옹기병, 공갈빵 등 특색 있는 간식도 다양하니 꼭 맛볼 것을 권합니다."

- **주소** 인천광역시 중구 차이나타운로 56-14
- **입장시간** 9:00~18:00
- **입장료** 짜장면박물관 1000원
- **평균 소요시간** 1시간
- **문의** 인천종합관광안내소 032-777-1330

차이나타운

인천으로 이사 온 백설공주
송월동 동화마을

세상의 벽화마을에는 그 나름의 콘셉트가 있다. 바닷가 마을이라면 어부나 고래, 등대 등 바다와 관련한 그림이 즐비할 것이고, 달동네라면 서민의 생활상이 고스란히 묻어나는 그림이 가득할 것이다. '송월동'은 차이나타운 인근의 동네로 이와 관련한 내용이 담장을 채울 것이라는 예상과는 달리, 세계 명작 동화의 주인공들이 곳곳에서 여행자들을 반기고 있다. 원도심을 감싸는 개항기적 분위기 속에 동화 주인공들의 상큼한 등장이 다소 갑작스럽기도 하지만, 어색함도 잠시다. 어느덧 가슴은 거리 위로 쏟아지는 달콤한 감성을 아이스크림마냥 날름날름 핥아 먹기 바쁘다.

솜사탕을 한 손에 쥐고 입장해야 할 듯한 마을 입구부터 예사롭지 않다. 백설공주, 헨젤과 그레텔, 이상한 나라의 앨리스, 피터팬, 신밧드, 아기사슴 밤비 등 어릴 적 여린 감성을 팍팍 적셔주던 동화 속 주인공들이 골목을 누비고 있다. 그림뿐 아니라 조형물을 설치해 거리에 입체감을 살려주었다. 그 와중에 체계적이기까지 하다. 아무 곳에, 아무개를, 아무렇게나 그려놓은 것이 아니라, 한 편의 동화를 주제로 각개의 골목을 꾸몄다. '도로시 길'을 걸으며 오즈의 마법사를 추억하고, '백설공주 길'을 걸으며 일곱 난쟁이를 만나볼 수 있다. 지팡이를 짚은 마을 노인이 초록 치마의 요정 앞을 지날 때의 오묘한 감동을 그대는 아는지. 송월동 동화마을은 우리네 삶을 동화로 둔갑시키는 마법 같은 매력을 지녔다.

알고 가면 더 좋다

인천역에서 도보로 10~15분 정도 소요된다. 1번 출구에서 동인천 방면으로 200미터 직진 후, 맞은편 언덕길을 따라 자유공원 방향으로 오르면 된다.

빈집이 많던 침울한 마을 분위기를 바꿔보고자 낡은 담벼락에 동심을 자극하는 동화를 테마로 그림을 그려넣어 인근 차이나타운 방문객의 발길을 끌고자 했다.

동화마을 카페를 비롯해 아이스크림, 슬러시, 와플 등 간식을 즐길 간이매점들이 곳곳에 마련되어 있다. 화장실은 따로 없으며, 언덕 위 자유공원 내 공중화장실을 사용해야 한다.

주차장은 언덕 끝자락의 송월교회 주차장이나 근처 차이나타운 공영주차장을 이용하면 된다. 그 외에 주차 공간은 마땅치 않으니 가급적 대중교통을 이용할 것을 권한다.

주민이 살고 있는 곳이니 배려와 주의가 필요하다. 너무 이른 시간이나 늦은 시간 방문은 피하고, 담장 너머 생활 공간을 함부로 사진 찍어서는 안 된다.

인천 주민 추천 ★★★★☆

"마을이 생긴 이래 사람들이 가장 많이 모이고 있어요. 명작 동화 주인공도 반갑겠지만, 지붕 위에 구름 모형을 걸어놓고 가스관을 나무처럼 꾸며놓는 등 주택 자체도 재미나게 꾸며놨으니 꼼꼼히 들여다보세요."

- **주소** 인천광역시 중구 자유공원서로45번길 52
- **입장시간** 언제든
- **입장료** 없음
- **평균 소요시간** 머무르는 만큼
- **문의** 인천종합관광안내소 032-777-1330

대한민국 최초의 근대식 공원

자유공원

자유공원은 우리나라 최초의 근대식 공원이다. 서울의 탑골공원을 최초로 알고 있는 사람이 많지만, 자유공원은 탑골공원보다 9년이나 앞선 1888년에 세워졌다. 초록 잔디와 반짝이는 조형물로 장식된 세련된 공원은 아니지만, 오랜 세월 무르익은 공원의 아우라는 무시할 수 없다. 가구로 치자면 심플한 디자인의 모던 가구가 아닌, 자잘한 흠이 새겨진 예스러운 자개장롱이랄까.

긴 산책로를 따라 드리워진 울창한 숲은 고풍스럽고 웅장하기까지 하며, 석정루에서 바라보는 구시가지의 경관은 광대한 수준이다. 제물포구락부, 홍예문, 성공회내동교회 등 공원 인근으로 산재한 근대건축의 흔적은 '최초의 근대식 공원'이라는 자유공원의 정체성을 공고히 해준다.

자유공원은 한국 근대사의 아픔을 간직한 장소이기도 하다. 맥아더 장군 동상과 한미수교 100주년 기념탑, 학도의용대 호국 기념탑, 연오정 등이 있어 혼란스러운 근대 한국의 사연을 되짚어볼 수 있기 때문이다. 근대 역사가 목 놓아 외치던 '자유'를 공원 이름으로 남겨두었으니, 자유를 향한 공원의 뜨거운 열망은 영원하지 싶다. 그때의 거시적인 자유는 아니더라도, 누구라도 찾아와 마음을 내려놓을 수 있는 소시민의 자유 공간으로 자유공원은 문을 열어두고 있다. 장기를 두는 노인과 빨간 하이힐의 아가씨가 혼재하는 지금의 열린 모습 그대로 말이다.

알고 가면 더 좋다

자유공원까지는 동인천역 3번 출구에서 제물포고등학교 방향으로 오르는 방법과 인천역 1번 출구에서 차이나타운을 거쳐 오르는 방법 두 가지가 있다. 주차는 공원 외부에 있는 무료 공영 주차장을 이용하면 된다.

야간에 찾는 자유공원도 멋스럽다. 조명이 비추는 공원은 새로운 매력을 발산한다. 응봉산 아래로 펼쳐진 동인천의 아름다운 야경은 덤이다.

자유공원은 외국 열강의 자본과 사람의 집약지였던 제물포항 인근의 거주 외국인들을 위해 세워진 공원이었다. 1888년 공원 설립 당시의 이름은 만국공원이었으나, 1957년 맥아더 장군의 인천상륙작전을 기념하는 동상을 건립하면서 자유공원으로 이름을 변경했다.

공원에서 홍예문 쪽으로 내려가는 길에 카페거리가 조성되어 있다. 전망 좋은 자리에 네댓 개의 예쁜 카페들이 자리하고 있으니, 자유공원을 둘러보고 쉬어가기에 그만이다.

인천 주민 추천 ★★★★☆

"120년 전에 지어진 공원이니 공원 내 모든 게 문화재급이죠. 매점만 해도 그래요. 학도의용대 호국 기념탑 옆에 자리한 공원 매점은 생긴 지 50년도 넘었을 겁니다.

- **주소** 인천광역시 중구 자유공원남로 25
- **입장시간** 언제든
- **입장료** 없음
- **평균 소요시간** 머무르는 만큼
- **문의** 인천광역시 중구청 공원계 032-760-7591

원조 먹거리의 천국
신포국제시장

세상의 명물은 시장으로 모이기 마련이다. 포항의 죽도시장에는 과메기가 판을 치고, 강원도의 정선오일장에는 곤드레밥이 손님을 유혹한다. 명물은 그 자체만으로 화려한 간판이며 수려한 호객이다. 이것 좀 사가시오. 저것 좀 깎아주시오. 시끌벅적 흥겨운 난전이 펼쳐지는 가운데, 저 홀로 군말 없이 사람들의 지갑을 열어젖히는 명물의 자태는 경이롭기까지 하다.

신포국제시장은 이러한 명물의 천국이다. 쫄면의 고향이자, 닭강정과 오색만두 등 각종 명물 먹거리의 발원지로는 신포국제시장을 따라올 시장이 없다. 원조 간판과 달인 타이틀을 내세운 가게 앞으로 사람들은 지루함도 잊은 채 줄지어 포장을 기다리고, 상인들은 주문을 받느라 온종일 정신이 없다. 지글지글 닭 튀기는 소리에 어묵 다지는 고소한 소리, 만두 익어가는 소리까지 듣고 있어도 흥이 오른다.

이처럼 별미가 가득하다지만, 신포국제시장의 명물은 먹거리에만 머물지 않는다. 시장의 역사부터가 이미 명물이다. 100년이 넘는 역사를 지닌 인천 최초의 근대적 상설시장으로 한때 시장의 북적거리는 내외국인들은 인천의 활력소가 되어주었다. 물론 지금은 그때만큼 붐비는 것은 아니지만, 여전히 많은 사람들이 신포국제시장을 찾는다. 인천시민은 물론, 각지에서 올라온 여행객과 외국인 관광객까지 이곳을 필수 여행 코스로 밟고 간다.

알고 가면 더 좋다

동인천역 2번 출구에서 신포동 방면으로 100미터만 직진하면 신포국제시장이 나온다.

시장은 두 갈래의 큰 골목과 그 사이를 잇는 작은 골목들로 이루어져 있다. 윗골목에는 닭강정, 어묵꼬치 등 먹거리가 즐비하고 윗골목에 비해 인파가 적은 아랫골목에는 수입품 코너나 인삼가게 등이 몰려 있다. 시장이 그리 크지 않으니 꼼꼼히 천천히 둘러볼 것.

19세기 말 중국인들이 외국인을 상대로 고급채소를 판매하던 푸성귀전이 신포국제시장의 전신이었다. 시장 내 쉼터에는 이를 증명하듯 푸성귀전을 형상화한 조각물이 설치돼 있다.

수선골목 앞쪽에 작은 등대공원이 있다. 시장의 추억이 서린 등대공원은 상인들이 자랑하는 시장의 명소. 등대공원에서는 마술과 댄스 공연 등 다채로운 이벤트가 수시로 열린다.

공중 화장실은 시장 초입에 한 곳뿐이니, 필요하다면 미리 볼일을 해결하는 게 좋겠다.

인천 주민 추천 ★★★☆☆

"최근 시장을 살려보자는 움직임으로 사람들의 발길이 다시 늘고 있습니다. 이곳은 보통의 시장이지만, 생긴 지 100년이 훨씬 넘었으니 사실 근대유적지나 다름없다고 생각해요."

- **주소** 인천광역시 중구 우현로49번길 11-5
- **입장시간** 10:00~21:00
- **입장료** 없음
- **평균 소요시간** 1시간
- **문의** 032-772-5812, www.sinpomarket.com

낡았기에 더 특별한 곳
배다리 역사문화마을

낡은 것이 진가를 발휘하는 순간이 있다. 새것에 둘러싸여 살아가는 오늘 낡은 것을 문득 마주했을 때 낡은 것은 특별해진다. 고층 아파트가 아닌 낮은 슬레이트 지붕, 4차선도로가 아닌 어깨너비의 골목, 빳빳한 페이지가 아닌 구겨진 헌책. 이렇듯 배다리 역사문화마을은 낡았지만 특별한 것 투성이다. 초입의 헌책방 골목을 지나 창영동 벽화골목까지 소소한 볼거리들이 이어진다. 1905년 르네상스양식 건물로 지어진 여선교사 기숙사, 국내 최초의 서구식 초등학교인 영화초등학교, 인천 최초의 공립보통학교인 창영초등학교 등 옛 건축물을 둘러보는 재미도 쏠쏠하다.

특히 어른 키를 훌쩍 넘는 높이로 쌓여 있는 헌책들은 배다리 역사문화마을의 오랜 명물. 안타까운 점은 이 명물이 점점 그 높이가 줄어들고 있다는 사실이다. 한국전쟁 이후 형성된 헌책방 골목은 한때 50여 곳에 이를 정도로 번창했지만, 지금은 여섯 곳만이 남아 간신히 그 명맥을 유지하고 있다. 그렇다 하더라도 퀴퀴한 헌책 냄새 자욱한 헌책방에 들러 누렇게 뜬 책장을 넘기는 재미까지 사라지진 않았다. 비좁은 책장 사이를 뒤지며 손때 가득한 헌책을 고르는 즐거움은 결코 백화점 쇼핑에 꿇리지 않는다. 새것에서는 찾을 수 없는 값진 추억을 값싸게 쇼핑할 수 있으니 말이다. 새것에의 강요에 지칠 때쯤, 배다리 역사문화마을에서 낡은 추억을 되찾을 일이다.

알고 가면 더 좋다

동인천역 1번 출구에서 도원역 방향으로 5분 정도 걷다보면 철교 아래로 국민은행이 보인다. 국민은행 맞은편 첫번째 골목이 배다리 역사문화마을 입구다.

마을 입구에 주민들이 운영하는 '배다리 안내소'가 있다. 이곳에서 배다리 역사문화마을 길라잡이 책자와 지도를 챙겨가자.

깡통로봇이 입구를 지키고 선 곳은 '스페이스 빔'이라는 전시 공간이자 여행자의 쉼터이다. 1927년부터 1966년까지 운영된 양조장 건물의 자취를 그대로 살려 문화 공간으로 만들었다. 예술가들을 비롯해 지역 주민의 사진, 미술, 디자인 작품들을 전시하며, 창작 아이디어를 공유하고 토론하는 모임 공간으로도 활용된다.

헌책방 골목의 서점은 총 여섯 곳. 나비날다, 대창서림, 집현전, 아벨서점, 한미서점, 삼성서림이다. 전공서적이나 학생서적은 한미서점과 대창서점에 많고, 시와 소설 등 문학서적은 아벨서점에 많다.

아벨서점과 한미서점 사이의 '사진 공간 배다리'도 빼놓지 말자. 인천 최초의 사진 전문 갤러리로 사진작가이자 인천해광학교 교사로 재직 중인 이상봉 관장이 만들었다. 언제든 무료로 사진을 관람할 수 있다.

대부분 '배다리'라는 지명은 배를 붙여 다리를 놓은 데서 유래했지만, 이곳은 배가 닿는 마을이란 의미로 붙은 이름이다. 오래전 마을 입구까지 바닷물이 드나들었고, 땅을 메운 후에도 밀물 때가 되면 멀리서부터 갯내음이 밀려왔다고 한다.

원래 이곳은 개항 이후 일본인들에게 삶의 터전을 넘겨주어야 했던 조선인들이 모여 살던 마을이다. 성냥 공장, 고무신 공장 등이 이곳에 있었으며, 헌책방 골목이 생성되면서부터 지성인들에게 오랫동안 사랑을 받기도 했다. 2007년 마을을 관통하는 산업도로 공사가 진행되기 직전, 인천의 애환과 향수가 서린 이 마을을 지키고자 지역 주민과 문화예술인이 힘을 합쳐 공사를 저지했다. 이후 배다리 역사문화마을로 새로이 이름을 짓고 인천을 대표하는 여행 거리로 탈바꿈했다.

♣ 배다리 역사문화마을 주요 코스

배다리 안내소 — 집현전 — 사진 공간 배다리

아벨서점

배다리 마을텃밭 — 스페이스빔

배다리 벽화골목

영화초등학교

인천 주민 추천 ★★★★☆

"배다리 역사문화마을에 오시면 헌책방 골목의 터줏대감 아벨서점을 꼭 들러보세요. 1973년 문을 연 골목의 명소입니다. 2층 전시 공간에서는 매달 마지막 주 토요일마다 시인을 초청해 시 낭송회도 연답니다."

- **주소** 인천광역시 동구 송림로 8
- **입장시간** 언제든
- **입장료** 없음
- **평균 소요시간** 머무르는 만큼
- **문의** 인천종합관광안내소 032-777-1330

| 여기도 한번 가보세요 |

별빛보다 따뜻한 인천의 달동네
수도국산 달동네박물관

인천은 보여줄 만한 '옛 모습'이 많은 지역이다. 그중에서도 수도국산 달동네박물관은 가장 사람 냄새나는 박물관이다. 원도심의 모퉁이에 들꽃처럼 자라나던 달동네의 서글프지만 따뜻한 이야기를 들려준다.

바다가 땅으로 변하고 공장이 들어서면서 송림산(수도국산이라 불리기 시작한 것은 수돗물 배수지가 생기면서부터) 자락에 터를 잡는 사람들이 늘었고, 이 주변은 달동네로 변화하기 시작했다. 1960~1970년대 무럭무럭 발전하는 세상과는 상관없이 옹기종기 모여 매서운 가난을 견뎌내야 했던 사람들. 양은 주전자와 고무신으로 장식된 달동네의 모습은 기성세대에게 눈물 젖은 추억을, 현세대들에게는 기성세대를 이해할 기회를 준다.

공동 수도와 변소, 야학당 같은 마을의 공동 구역부터 은율솜틀집의 박길준, 대지이발관의 박정양 등 이곳에 살았던 실존 인물들의 삶에 대한 자료나 미담다방, 우리사진관, 창영문구사, 송림양장점 등 실제 운영되었던 점포들을 재현해 현실감을 더했다. 물지게 지어보기, 옛날 교복 입어보기, 연탄불 갈아보기, 주사위 놀이 등 소소한 체험도 즐길 수 있다. 그 시절 만화책을 빌려보고, 딱지나 팽이를 구입할 수 있는 기념품 숍도 있다. 60촉 전구와 트로트가 간질한 과거로의 여행이다.

- **운영시간** 9:00~18:00, 매주 월요일 휴관
- **입장료** 500원
- **위치** 인천광역시 동구 솔빛로 51
  동인천역 4번 출구 걸어서 10분
  2번, 3-1B번, 10번, 46번 버스를 탔다면 '복음병원'에서 하차, 걸어서 10분
  16번, 17-1번, 41번 버스를 탔다면 '미림극장'에서 하차, 걸어서 10분
  12번, 17번, 46번, 62번, 62-1번을 탔다면 복음병원이나 미림극장에서 하차, 걸어서 10분
- **문의** 032-770-6130, www.icdonggu.go.kr/museum

| 여기도 한번 가보세요 |

스릴에 쉼을 더한 휴식처
월미도

월미도는 본래 인천광역시 중구 북성동에 있는 섬 이름이나, 서울랜드, 롯데월드와 같은 놀이동산의 이름으로 기억하는 이가 대부분이다. 사실 그래도 문제될 건 없다. 하지만 놀이동산 옆의 월미공원과 한국전통정원, 그리고 한국이민사박물관까지는 알아둔다면, 월미도를 더욱 알차게 즐길 수 있을 것이다. 놀이동산부터 공원, 박물관까지 종합적 즐거움을 누릴 수 있는 여행지로 월미도는 변화하고 있다.

월미테마파크

인천을 포함해 서울, 경기권 거주자라면 누구나 한 번쯤은 들어봤을 테다. 하늘을 뚫고 오를 기세의 바이킹과 비명 가득한 귀신의 집, 재치 만점 DJ의 디스코 팡팡 등 스릴만점, 포복절도의 순간들이 이어진다. 각종 뽑기로 보너스 타임을 즐기고, 닭꼬치, 지팡이 과자, 떡볶이로 간식 타임을 갖자. 느지막한 시간에는 월미 문화의 거리를 거닐며 바다 향기에도 취해볼 일이다. 벤치에 앉아 지나는 배를 바라보며 갈매기에게 새우깡을 던져주는 여유도 즐겨보자.

- **운영시간** 10:00~21:00(평일), 10:00~24:00(주말)
- **입장료** 1만5000원~3만 원
- **위치** 인천광역시 중구 월미문화로 81
- **문의** 032-761-0997, www.my-land.co.kr

한국이민사박물관

미주 이민 100주년을 맞아 해외로 나간 선조들의 삶을 기리고 그 발자취를 전하고자 2008년 개관한 국내 최초의 이민사박물관이다. 하와이를 비롯해 중남미와 유럽 등지까지 100여 년의 한인 이민역사를 살펴볼 수 있다.

최초의 이민자들을 실어 나른 선박인 갤릭호의 모형과 하와이 이민자들을 모집했던 광고, 이민자들의 짐 꾸러미, 하와이 이민길에 올랐던 함하나 할머니의 증언, 한인 노동자들의 목에 걸린 번호표, '애니깽'으로 알려진 멕시코 에네켄 농장에서 사용했던 수레와 공구, 이민 기록 영상 등 이민자들의 고달픈 삶을 다양한 자료를 통해 보여준다.

- **위치** 인천광역시 중구 월미로 329
- **입장시간** 9:00~18:00, 매주 월요일과 공휴일 다음날은 휴관
- **문의** 032-440-4710, mkeh.incheon.go.kr

월미공원

월미공원은 해발 108미터의 월미산에 꾸려놓은 공원이다. 월미산은 지난 50여 년간 군부대의 주둔으로 시민의 출입을 제한했으나 2001년 9월 공원으로 변경하여 시민들에게 개방했다. 월미산의 우거진 숲길을 따라 한적한 산책로를 마련해두어 연인과 손을 잡고 걷거나 가족과 운동하기에 그만이다. 특히 전망대에서는 올망졸망한 서해의 섬들과 선박에 둘러싸인 인천항만의 탁 트인 경치를 즐길 수 있다. 맑은 날에는 마니산, 작약도, 영종대교, 북항, 인천국제공항까지도 눈에 훤히 들어온다.

월미공원 안내소부터 월미산 정상광장까지 운영 중인 물범카를 타고 공원을 돌아볼 수도 있다. 15분 간격으로 운행하며 편도는 1000원, 왕복은 1500원이다.

- **위치** 인천광역시 중구 월미로 377-1
- **문의** 인천광역시 서부공원사업소 032-765-4133

월미달빛마루

월미공원 정상에 위치한 전망대 카페로 차와 음료 생맥주 등을 판매한다. 나선형의 계단을 따라 꼭대기 층에 오르면 한눈에 인천의 모습을 조망할 수 있으며, 특히 야경 관람지로 유명하다. 인천항과 갑문을 넘어 인천시내와 자유공원까지 보인다. 카페에서 바라보는 야경도 멋지지만, 우주선을 연상시키는 달빛마루 건물 자체도 못지않게 멋있다. 형형색색의 특수 조명으로 늦은 밤까지 아름다움을 뽐낸다. 등대처럼 찬란하게 불을 밝힌 달빛마루의 자태를 사진으로 담고자 일부러 이곳을 찾는 이들도 많다. 카페 운영 시간은 오전 11시부터 오후 7시까지이나 그 이후에도 야경 관람은 가능하다.

- **위치** 인천광역시 중구 북성동1가 산2-3
- **문의** 032-765-0727

한국전통정원

월미공원 입구에는 한국전통정원이 조성되어 있다. 부용지, 애련지, 소쇄원, 국담원 등 우리나라 고유의 정원을 아기자기하게 재현해 우리 전통 건축의 아름다움을 관찰해볼 수 있다. 깔끔하게 정돈된 정원과 정자는 잠시 쉬어가기에 좋으며, 전통정원을 조망할 수 있도록 중앙에 언덕 쉼터를 따로 만들어놓기도 했다. 언덕 아래로 펼쳐진 보리밭에서는 시골의 구수한 정취를 맛볼 수 있다. 호젓한 산책로 곁으로는 꽃사슴 무리를 구경할 수 있는 사슴 우리도 있다.

- **위치** 인천광역시 중구 월미로 131-22
- **문의** 인천광역시 서부공원사업소 032-765-4133

무엇을 먹을까

차이나타운 짜장면거리

전국의 중국음식 맛집은 이곳에 다 모여 있다. 신승반점, 공화춘, 연경 등 짧게는 30년에서 길게는 100년에 이르기까지 긴 역사를 간직한 매장이 즐비하다. 그 긴 역사 덕분에 해물짜장과 하얀짜장, 두부짜장 등 짜장면의 다양한 변종을 맛볼 수 있고, 다른 지역에서는 접하기 어려운 다양한 중국요리를 맛볼 수 있다.

차이나타운 추천 맛집

만다복

차이나타운 중국음식점 중에서도 유독 인기가 높은 곳이다. 점심시간 길게 늘어선 줄만 봐도 그 인기를 가늠할 수 있다. 이곳의 인기 메뉴는 백년 짜장면. 백년 짜장면은 이름 그대로 100년 전 우리나라에 처음 선보인 짜장면 고유의 맛을 살려내고 있다. 캐러멜과 MSG를 넣지 않아 단맛은 덜하고 담백함을 더했다. 짜장면의 물기가 적은 것도 특징이다.

- **가는 길** 차이나타운 주도로인 언덕길로 오른 후 왼쪽 방향
- **주소** 인천광역시 중구 차이나타운로 36
- **문의** 032-773-3838
- **휴일** 연중무휴

원보

차이나타운에서 짜장면과 짬뽕을 팔지 않는 중국음식점이다. 오로지 만두만으로 승부한다. 왕만두, 물만두, 소롱포 등 다양한 만두 메뉴 중에서도 군만두를 가장 많이 찾는다. 아랫면은 바삭하고 윗면은 쫄깃한 게 특징이다. 고소한 육즙도 입맛을 돋운다.

- **가는 길** 차이나타운 언덕에서 북성동 주민센터 방향
- **주소** 인천광역시 중구 차이나타운로 48
- **문의** 032-773-7888
- **휴일** 명절

십리향

화덕만두로 유명한 집이다. 옹기 벽면에 만두를 붙인 다음 불을 지핀 후 구워낸다. 고기, 단호박, 고구마, 팥 등의 소로 속이 꽉 차 있고, 육즙이 살아 있다.

- **가는 길** 차이나타운 언덕길 중턱에서 오른쪽 방향
- **주소** 인천 중구 차이나타운로 50-2
- **문의** 032-762-5888
- **휴일** 연중무휴

 **무엇을 먹을까**

밴댕이회무침거리

인천 연안부두에 가면 밴댕이회무침거리를 만날 수 있다. 사실 거리가 아닌 3층 건물인데도 '거리'란 이름이 붙었다. 40년 전만 해도 이 건물은 해장국집이 대부분이었다. 이후 준치무침 전문점이 건물을 장악했으나, 준치가 잘 잡히지 않고 밴댕이 어획량이 늘면서 너도나도 밴댕이회무침을 선보이기 시작했다.

밴댕이회무침거리 추천 맛집

금산식당

연안부두 밴댕이회무침거리에서 지존과 같은 곳이다. 고추장 양념에 양배추, 깻잎, 오이 같은 각종 채소를 밴댕이회와 버무려 내오는데, 새콤달콤하면서 쫄깃한 그 맛이 일품이다. 밴댕이만 넣으면 퍽퍽한 감이 있기에 한치를 약간 넣어 씹는 맛을 살렸다. 밑반찬으로 나오는 간장게장도 껍질이 연하고 짜지 않아 인기가 좋다.

- **가는 길** 밴댕이회무침거리 인천해양센터 2층
- **주소** 인천광역시 중구 연안부두로 16
- **문의** 032-881-3011
- **휴일** 명절

동인천 삼치거리

1960년대 후반부터 한둘씩 삼치구이 가게가 자리 잡더니 현재는 10여 곳으로 늘었다. 가장 큰 장점은 넉넉지 않은 주머니 사정에도 푸짐하게 먹을 수 있다는 것. 팔뚝만 한 삼치구이가 단돈 6000원이다. 그 덕에 인근 직장인을 비롯해 노인과 대학생까지도 이곳을 자주 찾는다. 최근에는 치즈삼치, 카레삼치 등 젊은이들의 입맛에 맞추기 위해 각종 소스를 첨가한 메뉴도 등장하고 있다.

동인천 삼치거리 추천 맛집

인하의집

삼치구이골목에서 가장 오래된 만큼 단골도 가장 많다. 맛도 맛이지만 옛 향수를 자극하는 곳이랄까. 대낮에도 삼치에 막걸리 한잔 걸치기 위해 손님들은 이곳을 찾는다. 대표 메뉴는 반반삼치이다.

- **가는 길** 동인천역 2번 출구로 나와 인천학생교육문화회관 맞은편
- **주소** 인천광역시 중구 우현로 67번길 57
- **문의** 032-773-8384
- **휴일** 명절

 무엇을 먹을까

화평동 냉면거리

1980년대 초반에 형성되기 시작한 이 거리는 우선 푸짐한 양으로 유명하다. 한때 전국의 웬만한 분식집에서 이 세숫대야냉면을 메뉴로 선보였을 만큼 냉면계의 엄청난 유행을 이끌었던 곳이다. 실제로 세숫대야만 한 대접에 냉면을 한가득 내오는데, 그 양이 일반 냉면에 두 배는 돼 보인다. 한창 번성할 때는 20곳이 넘었지만, 지금은 10곳 정도가 남아 있다.

화평동 냉면거리 추천 맛집

원조할머니냉면

모두가 원조를 외치지만, 진정한 원조는 한 곳뿐. 원조할머니냉면이 그곳이다. 다른 냉면집과 양이나 가격은 동일한데, 감칠맛이 더하다. 음식 인심도 후해서 사리 추가는 무료이니 모자란다면 주저 말고 '사리 추가'를 외치자.

- **가는 길** 동인천역에서 화평철교를 지나자마자 왼쪽 길
- **주소** 인천광역시 동구 화평로 26
- **문의** 032-766-5616
- **휴일** 명절

신포우리만두 본점

분식 마니아들에게는 익숙한 신포우리만두. 신포동에 본점을 둔 신포우리만두는 체인업체로 몸을 불리며 전국으로 퍼져나간 지 오래다. 체인 분식이긴 하지만, 40여 년 본점의 자부심을 걸고 맛을 지켜내고 있다. 원조나 다름없는 쫄면과 대표 메뉴인 모둠만두를 추천한다.

- **가는 길** 신포국제시장 끝에 위치
- **주소** 인천광역시 중구 제물량로 166번길 29
- **문의** 032-772-4958
- **휴일** 연중무휴

월미도 덜렁이네 횟집

이름부터가 특이하다. '막 준다'는 가게 이름을 믿고 주문해보니 정말로 막 준다. 기본 반찬은 너무 많아서 다 먹지도 못할 지경이다. 싱싱한 회도 회지만, 반찬의 위력을 확인할 수 있는 곳. 그야말로 이름 값하는 횟집이다.

- **가는 길** 월미도테마파크 옆 회센터 건물 2층
- **주소** 인천광역시 중구 월미문화로 95
- **문의** 032-764-3031
- **휴일** 연중무휴

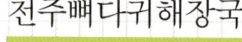

전주뼈다귀해장국

우리가 알고 있던 뼈다귀해장국의 비주얼이 아니다. 뚝배기 위로 높게 치솟은 뼈다귀의 크기는 경이로울 정도. 그만큼 붙어 있는 살 크기도 많다. 뼈다귀 위로 아무렇게나 척척 얹은 우거지의 구수함도 최고다.

- **가는 길** 인천지방법원 동인천등기소 뒷골목
- **주소** 인천광역시 중구 신포로23번길 29
- **문의** 032-765-2252
- **휴일** 연중무휴

40년정통중국식

신포국제시장 방문객에게 가장 맛있는 간식을 꼽으라면, 아마 중국식 공갈빵과 호떡 계란빵에 손을 들어줄 것이다. 공갈빵은 바삭하고 담백하며, 호떡 계란빵은 15일간 숙성시킨 밀가루 반죽을 사용해 쫀득함이 살아 있다.

- **가는 길** 신포국제시장 끝자락
- **주소** 인천광역시 중구 우현로49번길 33
- **문의** 032-764-3449
- **휴일** 월요일

씨싸이드

동인천에는 유명한 3대 경양식집 (씨싸이드, 등대경양식, 잉글랜드 왕돈까스) 중 하나다. 특별히 맛있는 집이라기보다는 어릴 적 엄마 손잡고 따라가 먹었던 옛날 경양식 집의 분위기를 그대로 느껴볼 수 있는 곳이다. 식전 수프부터 큼지막한 돈가스, 양배추 샐러드, 그리고 단무지까지 우아한 레스토랑에서 느낄 수 없는 특별한 정겨움이 있다.

- **가는 길** 신포사거리에서 신한은행 방향 100미터
- **주소** 인천광역시 중구 제물량로 166번길 13
- **문의** 032-761-3538
- **휴일** 매주 화요일

라파미글리아

동인천에서 가장 맛있는 빠네파스타를 맛볼 수 있다. 약간 칼칼한 맛의 크림소스가 인상적이다. 빵을 찍어 먹는 소스는 무료 리필이 가능하다. 100% 참나무 장작을 사용한 화덕 피자도 인기 만점. 그 중 고르곤졸라 피자가 가장 유명하다. 국내산 안심으로 만든 스테이크도 라파미글리아의 주력 메뉴. 넓고 세련된 3층 홀은 단체 모임을 하기에 좋다.

- **가는 길** 신포 문화의 거리 입구 (경동사거리)
- **주소** 인천광역시 중구 우현로 59
- **문의** 031-766-0991
- **휴일** 명절

어디서 쉴까

팟알

19세기에 지어진 120년된 일본식 목조건물로 과거 하역회사 사무실이었으나 2012년 리모델링해 카페로 문을 열었다. 친환경 팥을 '우리농산물'에서 공급받아 사용하며, 단팥죽과 팥빙수를 주력 메뉴로 판매한다. 첨가물을 넣지 않은 '나가사키 카스텔라'는 곁들여 먹기에 좋다. 오래된 건물을 보존하기 위해 실내에서의 흡연을 금지하고 있다. 근대건축물 중 비지정문화재를 개인이 매입하여 원형에 가깝게 수리해 관광문화자원으로 활용하는 첫 사례다.

- **가는 길** 중구청에서 차이나타운 방향 200미터
- **주소** 인천광역시 중구 신포로27번길 96-2
- **문의** 032-777-8686
- **휴일** 매주 월요일

시리우스

시리우스는 인상 좋은 부부가 운영하는 퀼트 카페다. 여주인이 퀼트 전문가로 입구에는 퀼트파크라는 공방이 있다. 퀼트 카페답게 실내 벽면은 퀼트 작품으로 꾸며져 있다. 그윽한 커피 향과 아름다운 퀼트가 멋진 조화를 이룬다.

- **가는 길** 인성여고 교문 맞은편 골목 200미터
- **주소** 인천광역시 중구 신포로47번길 6
- **문의** 032-777-7888
- **휴일** 첫째, 셋째 월요일

카페히스토리

홍예문 언덕길 위에 있는 파란 대문이 예쁜 카페이다. 80년이 넘은 적산가옥을 개조하여 2009년 카페를 열었다. 예쁜 도자기 그릇과 머그잔으로 장식된 실내는 다락방의 아늑한 기운을 담고 있다. 도자기 소품을 구매하거나 직접 꾸며 볼 기회도 제공한다.

- **가는 길** 홍예문 언덕길 중간
- **주소** 인천광역시 중구 송학로 13-1
- **문의** 032-567-9255
- **휴일** 매주 일요일

어디서 쉴까

담쟁이넝쿨

담쟁이넝쿨은 1, 2층의 한식당과 3층의 동물 카페로 이루어져 있다. 특히 3층 동물 카페는 미니 동물원이라고 할 수 있을 만큼 이색적인 공간이다. 통유리로 만들어진 우리 안에는 꿩, 토끼, 기니피그, 다람쥐, 앵무새, 이구아나 등이 살고 있다. 옥상에는 작은 정원이 꾸며져 있어 여유로운 시간을 보내기에 알맞다. 장미, 팬지 등 테라스 곳곳을 장식하는 화분들도 카페를 더욱 화사하게 만들어 주고 있다.

- **가는 길** 중구청 뒤편, 자유공원 가는 길목
- **주소** 인천광역시 중구 자유공원남로 12
- **문의** 032-772-0153
- **휴일** 매주 일요일

버브

버브(Verve)는 재즈 레코드 레이블에서 따온 이름이다. 낡은 듯 하면서도 단정한 인상을 풍기는 실내 분위기와 스피커를 통해 흘러나오는 재즈의 조화가 감미롭다. 통유리 창으로는 월미도의 너른 앞바다를 감상할 수 있다. 엘라 피츠제랄드, 비비 킹 등 재즈뮤지션의 이름을 메뉴로 활용한 점도 색다르다. 커피를 비롯해 각종 칵테일과 스무디를 판매한다.

- **가는 길** 월미도 문화의 거리
- **주소** 인천광역시 중구 월미문화로 67
- **문의** 032-762-2259
- **휴일** 명절

어디서 쉴까

- **가는 길** 배다리 헌책방 골목에서 배다리 텃밭 방향으로 끝부분
- **주소** 인천광역시 동구 서해대로 513번길 15
- **문의** 032-773-6011
- **휴일** 연중무휴

개코막걸리

동물의 왕국을 시청하다 가게 이름을 지었다는 개코막걸리. 배다리 50년 토박이 주인장만큼이나 오래된 주전자며 이 빠진 사발들이 정겹다. 본래 막걸리는 정겨운 분위기 속에 아무렇게나 들이켜야 제맛 아니던가. 푸짐하고 맛있는 안줏값도 수년째 그대로다. 텃밭에서 따온 오이와 된장, 그리고 막걸리 한 사발로 하루를 마무리 해보는 건 어떨까.

- **가는 길** 주안역 8번 출구에서 첫번째 골목 2030거리 입구
- **주소** 인천광역시 남구 미추홀대로 73번길 4
- **문의** 070-7567-4712
- **휴일** 연중무휴

카페IC

복잡하게 얽힌 현실의 해답을 찾을 수 있는 곳. 주안에서 소문 자자한 타로·사주 카페다. 타로(토탈) 1만 원, 사주(전문 상담) 3만 원으로 전문가에게 인생 상담을 받는 듯 색다른 힐링을 맛볼 수 있다. 마냥 기다리고 싶지 않다면 예약은 필수다. 일정 강의료를 받고 1대1 및 그룹으로 실전 타로·사주 강의도 진행한다.

재즈클럽 버텀라인

인천 유일의 라이브 재즈클럽으로, 1983년 오픈 이후 30년이 넘도록 다양한 재즈 공연을 선보였다. 웅산, 김광민, 피트정 밴드, 윈터플레이 등 재즈 분야의 일인자들이 이곳을 거쳐갔다. 정기 공연은 매주 금요일이지만, 가끔씩 다른 요일에도 기획 공연이 펼쳐지곤 한다. 특히 100년이 넘은 건물 내에 자리하고 있어 올드한 분위기를 한껏 느낄 수 있다. 여기에 빽빽하게 꽂힌 레코드판이 재즈클럽의 운치를 더한다. 인천 재즈의 메카답게 '코리아재즈웨이브'라는 재즈페스티벌도 주최한다. 2013년 첫 선을 보인 이 축제를 계속 이어갈 예정이다. 재즈 마니아들뿐만 음악을 사랑하는 모든 사람들에게 버텀라인은 감성의 결정을 선사하고 있다.

- **가는 길** 신포사거리에서 인천아트플랫폼 방향 두번째 골목 200미터 직진
- **주소** 인천광역시 중구 신포로23번길 23
- **문의** 032-772-8212
  cafe.daum.net/Bottomline
- **휴일** 일요일

어디서 잘까

에이스게스트하우스

2014년 2월 오픈한 신생 게스트하우스다. 방마다 PC가 설치되어 있으며, 특히 여행자의 위생과 안락한 쉼을 위해 침구류 관리에 늘 신경을 쓴다. 4층 옥외 카페는 에이스게스트하우스의 또 다른 자랑. 햇살 좋은 날 옥외 테라스에서 즐기는 아이스커피 한 잔에 여행의 피로는 말끔히 사라진다. 밝고 친절한 사장님 덕분에 여행은 더욱 즐거워진다.

- **가는 길** 동인천역 7번 출구에서 오른쪽 첫번째 골목 안
- **주소** 인천광역시 중구 자유공원로 3-8
- **예약 및 문의** 032-243-3452, www.aceguesthouse.com

상우재

마당으로 이어지는 돌계단, 아기자기한 정원, 정감 넘치는 옛 가옥의 자태가 아름답다. '상우재尙友齋'라는 게스트하우스의 이름은 맹자의 가르침에서 따왔다. 좋은 벗이 찾아와 이야기꽃을 피우고 싶은 주인장 내외의 바람이 담겨 있다. 상우재는 게스트하우스인 동시에 문화 전시 공간이기도 하다. 서예, 공예 작품, 그림 등 예술가의 무료 전시 공간으로 활용되고 있다.

- **가는 길** 인성여고 입구 맞은편 골목으로 150미터
- **주소** 인천광역시 중구 신포로47번길 10
- **예약 및 문의** 070-8615-8562

어디서 잘까

베니키아호텔 바다의 별

특급 호텔은 아니지만, 그만큼의 자격을 갖췄다. 따뜻한 쉼이 되어주는 객실과 스카이라운지 레스토랑, 그리고 고급스러운 인테리어의 연회장까지 월미도 최고의 호텔이라고 자부할 만하다. 전 객실 오션뷰로 저녁마다 서해의 짙은 낙조를 조망할 수 있으며, 특히 특급호텔 경력의 셰프가 요리하는 레스토랑 메뉴는 환상적이다. 방문객들로부터 가격 대비 분위기와 친절, 청결, 모든 면에서 우수하다는 평가를 받고 있다.

- **가는 길** 월미도 문화의 거리 뒤편
- **주소** 인천광역시 중구 월미로242번길 7-2
- **예약 및 문의** 032-765-7000, www.hotelseastar.com

끼룩끼룩게스트하우스

연극배우, 출판편집인, 문화기획자, 디자이너, 여행전문가 등 '우리 동네에서 신나게 살아갈 방법'을 모색하는 10명의 문화예술인이 모여 만든 공간이다. 건물의 빈방을 예쁘게 개조했다. 보통 아티스트 레지던시나 영화 상영, 골방 콘서트 등의 문화 공간으로 사용되지만, 별다른 일정이 없을 때는 게스트하우스로 활용한다. 특히 동네 여행전문가가 게스트

하우스 매니저로 있어 동인천 투어 정보를 잔뜩 얻을 수 있다.

- **가는 길** 동인천 지하상가 19번 출구에서 만두가게 옆 언덕을 올라 빨간 벽돌집
- **주소** 인천광역시 중구 개항로53번길 24 201호
- **예약 및 문의** 032-762-0858

어디서 잘까

디데이모텔

조식이 제공되는 모텔이다. 모텔 지하에 한식 뷔페를 운영하며, 모텔 숙박자는 이곳에서 무료 조식을 먹을 수 있다. 이용 시간에 따라 샌드위치, 과일, 유부초밥 등의 간단한 간식을 제공하기도 한다. 깔끔하고 모던한 객실로도 이용객들의 좋은 평가를 받고 있다.

- **가는 길** 주안역 2번 출구에서 간석역 방향으로 걷다 바벨르웨딩하우스 골목 안으로
- **주소** 인천광역시 남구 주안중로 48
- **예약 및 문의** 032-429-3821

호텔아띠

한국관광공사 지정 우수숙박업소로 정장을 차려입은 듯 깔끔한 회색빛 외관이 눈에 띈다. 자유공원과 차이나타운 근대 건축물 탐방 거리로 접근이 편리한 지점에 있다. 객실마다 고성능, 고사양의 PC가 비치되어 있고 전 객실 무료 와이파이가 가능하다.

- **가는 길** 중구청 뒤편 자유공원 오르는 길목
- **주소** 인천광역시 중구 신포로35번길 88
- **예약 및 문의** 032-772-5233

| 인천의 기억 따라 걷기 |

인천 개항기 역사 산책
인천 개항장 근대건축물거리

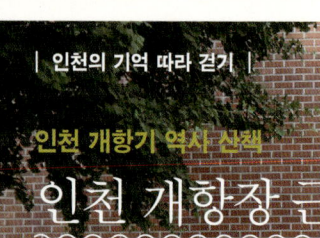

♣ 근대건축물거리 걷기 코스

인천역 — 걸어서 2분 →  패루(중화가) — 걸어서 7분 →  군회조점 — 걸어서 3분 →

 청일조계지 경계 계단 ← 걸어서 5분 —  제물포구락부 ← 걸어서 7분 —  홍예문

개항장권을 여행하면서 개항 이후의 근대건축물을 둘러보지 않을 수 없다. 근대건축물거리의 오랜 건축물들은 곧 변화와 수탈의 역사를 대변하기 때문이다.

외래의 문물과 자본이 밀려오던 당시, 인천에는 변화의 물결이 넘쳐났다. 새로운 건축 양식과 문화가 거리를 채우기 시작했고 일본인과 중국인이 터를 잡았다. 인천역을 시작으로 일본 제1, 제18, 제58 은행과 답동성당을 거쳐 청일조계지 경계 계단까지 역사의 페이지를 넘기듯 도보 탐방을 해보자. 옛 은행 건물은 박물관이 되었고, 허름한 창고는 멋들어진 예술 공간으로 변화했지만, 투박한 근대건축물들은 빛바랜 세월과 아픈 역사를 고스란히 간직하고 있다.

❶ 인천역

경인선은 1899년 개통한 우리나라 최초의 철도이며, 인천역은 경인선의 종착역이다. 1908년 5월 20일 영업을 개시하였으며, 현재의 역사는 1960년에 준공되었다.

- **위치** 인천광역시 중구 제물량로 269
- **문의** 인천종합관광안내소 032-777-1330

❷ 패루(중화가)

웨이하이 시가 기증한 차이나타운의 대표적 상징물로 중국의 기념비적인 문 모양의 건축물이다. 차이나타운에는 중화가, 선린문 善隣門, 인화문仁華門 등 3개의 패루가 설치되어 있다.

- **위치** 인천광역시 중구 차이나타운로59번길
- **문의** 인천종합관광안내소 032-777-1330

❸ 군회조점(현 인천아트플랫폼)

개항 후 물류운송 업무 증가에 따라 물류를 보관할 붉은 벽돌의 창고 건물을 세웠다. 현재 창고는 지역예술인의 창작 활동과 문화 행사를 위한 복합 문화 공간으로 조성한 상태다. 한국근대문학관도 있으니 들러보면 좋다.

- **위치** 인천광역시 중구 제물량로218번길 3
- **문의** 032-760-1000

❹ 일본 제1은행(현 인천개항박물관)

1883년 일본 제1은행 부산지점의 인천출장소로 설립되었다. 이후 한국은행 인천지점, 조선은행 인천지점으로 사용되었으며, 2010년부터는 인천개항박물관으로 활용 중이다. 총 4개의 전시관으로 구성되어 있다.

- **위치** 인천광역시 중구 신포로23번길 89
- **문의** 032-760-7508

❺ 일본 제18은행(현 근대건축전시관)

1890년 설립된 일본 제18은행은 이후 조선식산은행 인천지점, 한국흥업은행 지점으로 사용되었다가 오늘날 인천개항장 근대건축전시관으로 활용되고 있다.

- **위치** 인천광역시 중구 신포로23번길 77
- **문의** 032-760-7549

❻ 일본 제58은행(현 한국외식업중앙회 중구외식업지부)

한국의 주화를 오사카 본점에 보내고 일본의 새로운 주화를 들여오기 위해 1892년 설립했다. 1946년경에는 조흥은행 인천지점으로 사용되기도 했다.

- **위치** 인천광역시 중구 신포로23번길 69
- **문의** 인천종합관광안내소 032-777-1330

❼ 가와바타 창고(현 아침바다)

가와바타라는 일본인이 1942년 아와야철물점의 창고로 쓰려고 지었던 벽돌건물이다. 종합설계사무소로 쓰이다 아침바다라는 레스토랑으로 사용되기도 했지만 휴업 중이다.

- **위치** 인천광역시 중구 제물량로206번길 17
- **문의** 인천종합관광안내소 032-777-1330

❽ 인천우체국(현 중동우체국)

일본영사관은 1884년부터 우편업무를 시작했다. 1905년부터 통감부 통신관리국 소속으로 대한제국의 우편업무까지 담당했다. 인천우체국은 1923년 현재의 자리에 신축되었다.

- **위치** 인천광역시 중구 제물량로 183
- **문의** 인천종합관광안내소 032-777-1330

❾ 답동성당

로마네스크 양식으로 지어진 오래된 성당 중 하나다. 파리외방전교회 소속 코스트 신부의 설계로 1897년에 건립되었고, 1937년 증축으로 현재의 구조가 완성됐다.

- **위치** 인천광역시 중구 우현로50번길 2
- **문의** 032-762-7613

⑩ 성공회내동교회

영국 해군 종군 신부 코프(한국 이름 고요한) 주교와 랜디스 의사가 1891년 4월 송학동3가에 성미카엘 교회를 지었다. 이후 6·25 전쟁으로 타격을 입은 교회는 1955년 현재 위치로 이전된 후 복구되었다.

- **위치** 인천광역시 중구 자유공원로23번길 3
- **문의** 인천광역시 중구 관광진흥과 032-760-7114

⑪ 홍예문 虹預門

무지개처럼 생긴 문이라는 뜻의 홍예문은 1908년 축조한 석문이다. 중앙동 일대에 거주하는 일본인의 수가 증가하자 만석동으로 거주지를 확장하기 위해 만들었다고 한다. 홍예문 위쪽에 서면 인천항이 잘 보인다.

- **위치** 인천광역시 중구 신포로 79
- **문의** 인천광역시 중구 관광진흥과 032-760-7114

⑫ 제물포구락부

1891년 인천에 거주하던 외국인 사교 클럽이었다. 사교실을 비롯해 당구장, 독서실, 테니스장을 갖췄었다. 현재는 제물포구락부의 옛 모습을 재현한 문화 공간으로 자유공원 볼거리로 꼽힌다.

- **위치** 인천광역시 중구 자유공원남로 25
- **문의** 인천종합관광안내소
  032-777-1330

⑬ 청일조계지 경계 계단

일본조계와 청국조계와의 경계 계단으로 자유공원과 연결된다. 120년의 역사를 간직한 이 계단의 왼편은 청국 관할, 오른편은 일본 관할이었다. 계단 위에는 중국 청도에서 기증한 공자상이 세워져 있다. 조계지란 단순히 외국인 거주지를 의미하는 것이 아니라 침략의 근거지로 삼아 외국인이 행정권과 경찰권을 행사하는 곳을 의미한다.

- **위치** 인천광역시 중구 신포로27번길 106
- **문의** 인천종합관광안내소 032-777-1330

02 소래포구권

인천의 싱싱한 열정을 맛보다

인천의 열정을 맛보는 소래포구권 코스

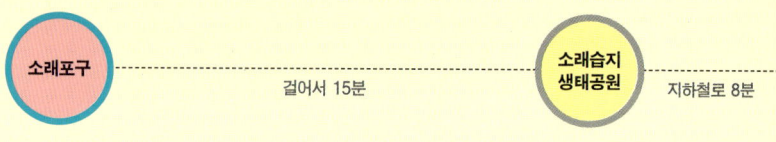

소래포구 ---- 걸어서 15분 ---- 소래습지생태공원 ---- 지하철로 8분

인 천 의 싱 싱 한 열 정 을 맛 보 다

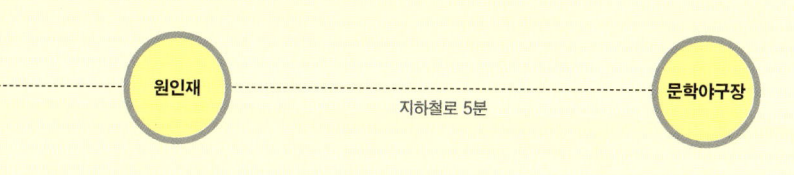

걷기 난이도 ★☆☆☆☆

걷거나 지하철로 이동하며, 여행지 간 거리가 멀지 않아 수월하다. 소래습지생태공원을 제외하고는 크게 발품을 팔 일도 없다.

언제 가면 좋을까

봄부터 가을까지. 소래포구 어시장은 사계절 어느 때 방문해도 상관없겠지만, 갈대밭이 펼쳐진 소래습지생태공원은 늦봄과 가을이 압권. 원인재는 벚꽃이 한창인 봄과 초록이 무성한 여름이 절정이다. 문학야구장의 진정한 열기를 느끼고 싶다면 반드시 프로야구 시즌인 3월 말부터 9월 중 경기 일정에 맞춰 찾아가도록 하자.

본격적인 여행에 앞서

1. 인천터미널역에서 인천1호선을 타고 원인재역에서 내려 수인선(오이도 방면)으로 환승해 소래포구역에서 내리는 것이 가장 빠르다. 버스는 21번이나 21-1번을 타면 된다. 인천역에서 출발하면 790번 버스를 타자. 다만 배차 간격이 길어 지하철을 이용하는 것이 나을 수도 있다. 1호선(경인선)을 탔다면 부평역에서 환승해야 한다.

2. 원인재나 문학야구장 인근에는 숙박시설이 부족하다 숙박은 소래포구와 월곶을 중심으로 형성되어 있다. 유흥이 필요하다면 부평역으로 이동하는 것도 좋다.

3. 식사는 소래포구에서 할 것을 권한다. 즉석에서 떠먹는 회, 새우튀김, 생선구이를 비롯해 다양한 먹거리가 모여 있다.

이것만은 꼭

★ **해 질 녘 포구에서 회 한 접시와 소주를.** 각종 횟집부터 조개구이집, 생선구이집 등 소래포구에는 맛집이 수두룩하다. 노을 내리는 시간 포구에 걸터앉아 나누는 광어회와 소주 한 잔의 짜릿한 맛은 그 무엇도 비할 수는 없을 테다.

★ **소래역사관에서 소래의 역사를 살펴보자.** 소래포구종합어시장 건너편에 있는 소래역사관은 급속한 산업화로 사라져가는 소래 지역의 전통과 문화를 보존하고 옛 모습을 추억하고자 2012년에 개관했다.

★ **소래철교 위를 걸어보자.** 소래철교는 원래 수인선이 지나던 다리였지만 1995년부터는 열차가 다니지 않는다. 소래포구에서 시흥 월곶으로 넘어가는 가장 빠른 길이며, 소래포구 전경을 촬영할 수 있는 유일한 촬영 포인트다.

★ **소금 채취를 해보자.** 소래습지생태공원에서는 관광객을 위한 교육용 염전을 운영 중이다. 소금을 직접 생산하고 있어 소금을 채취하는 때에 맞춰서 가면 직접 가래질을 하고 소금을 채취하는 체험을 할 수 있다. 단체 방문객에게는 채취한 소금을 기념품으로 나눠주기도 한다.

★ **삼겹살을 구우며 야구 응원을.** 문학경기장 야구장에는 국내 최초로 바비큐존을 만든 구장이다. 가족, 친구들과 삼겹살을 구워먹으며 야구를 관람할 수 있는 좌석으로, 응원의 재미를 배가 시켜준다. 안타 한 방에 쌈 한 번!

소래습지생태공원

소래철교

원인재

펄떡거리는 자연산 풍경
소래포구

파란 하늘 아래 아기자기한 공원이나 초록 바다 위를 떠다니는 유람선의 모습에서 평온을 느낄 수 있는 건 사실이지만, 이런 풍경이 생동감 넘치는 열정까지는 전해주지 못한다. 여행에서 가장 싱싱하게 살아 있는 풍경은 오히려 조금 거칠고 허름한 경우가 대부분이다. 있는 그대로의 모습을 보여주기 위해 누구나가 혹할 만한 포장지를 걷어냈기 때문일 터. 그런 의미에서 소래포구는 살아 있는 풍경의 전형이다.

바다를 앞에 두고 있지만, 맑고 잔잔한 바다의 모습은 아니다. 하늘을 위에 두고 있지만, 천막이 온통 가리고 있다. 대신 사람의 삶을 가득 담고, 짭짤한 삶의 에너지가 출렁인다.

다닥다닥 붙은 수조마다 담긴 광어, 우럭, 낙지, 소라와 고무 대야 위로 넘치도록 쌓아둔 꽃게의 모습은 오늘을 살아가는 장사꾼들의 싱싱한 열정을 닮았다. 펄떡거리는 광어를 불쑥 내밀며 "한 접시 맛깔나게 드시고 가라"는 호객조차 정겹게만 느껴지는 곳. 걸쭉한 농담 한마디 툭 던져놓곤 빠른 속도로 회를 떠내는 바지런한 손길을 보고 있자면, 마음 한편을 차지했던 게으름이 우르르 뒤로 밀려나는 듯하다.

포구를 돗자리 삼고 앉아 회 한 접시에 소주잔을 나누는 사람들이 기분을 한층 더 들뜨게 한다. 어깨 부딪으며 포구 어시장을 지나가는 동안 온몸은 진한 삶의 열기로 흠뻑 젖게 될 것이다.

알고 가면 더 좋다

수인선을 탔다면 소래포구역에서 내려 2번 출구로 나가면 된다. 자가용은 인근 공영 주차장에 주차하면 되지만, 주말에는 빈자리를 찾기 힘드니 가급적 버스나 지하철을 이용하자.

소래어시장은 특히 새우와 젓갈, 꽃게가 유명하다. 100여 곳이 넘는 노천 횟집이 성업 중이며, 어시장에서 떠온 회는 시장 내 초장집에서 먹으면 된다. 초장집은 1인당 2000원으로 쌈채소와 간단한 반찬을 내준다.

광어 1마리에 작은 우럭 1~2마리 더해 2만 원이면 맛볼 수 있다. 성인 2명이서 배불리 먹을 수 있는 양이다. 회도 회지만, 새우튀김이나 생선구이도 인기가 높다. 새우튀김은 한 마리 1000원꼴로 간식으로 먹기에도 적당하다.

소래포구는 일제강점기에 천일염 등 수탈을 목적으로 만들어진 항구로 소금을 실어 나르기 위해 수원과 소래를 잇는 수인선 협궤(선로의 너비가 표준 너비보다 좁은 선로)열차가 지나던 곳이기도 하다. 서민들의 애환과 추억이 담긴 협궤열차는 1995년 폐선되었지만, 현재 소래철교는 관광 명소이자 통행로로 새롭게 주목받고 있다. 철교 위에서 소래어시장과 포구를 한눈에 조망할 수 있다.

소래철교 바로 아래에 장도포대지가 있다. 조선 말기에 외국선박들이 인천 연안인 소래 수로로 침입하는 것을 막기 위해 설치한 포대다. 소래철교 촬영 포인트로도 인기가 높다.

인천 주민 추천 ★★★★☆

"제철을 알고 와야 싱싱한 해산물을 구입하죠. 봄바람이 불어오는 3~4월에는 주꾸미를, 4월 중순에서 5월까지는 알이 꽉 찬 암게를, 9~11월에는 대하와 전어를 추천합니다. 김장철에는 젓갈을 구매하기에도 좋고요."

- **주소** 인천광역시 남동구 포구로 2-9
- **입장시간** 8:00~21:00
- **입장료** 없음
- **평균 소요시간** 2시간
- **문의** 소래포구 어촌계 032-442-6887

인천인 듯 네덜란드인 듯
소래습지생태공원

첫 느낌은 '황량'이고, 다음은 '독특'이며, 마지막 느낌은 '이국적'이다. 몽골의 사막도 아니고 오스트레일리아의 초원도 아닌 것이 묘한 분위기를 자아낸다. 바둑판처럼 반듯하게 정렬된 염전, 낡은 소금창고, 그리고 목가적인 산책로가 한데 모여 독특을 넘어 이국적인 풍경을 완성한다. 총넓이 350만 제곱미터에 이르는 이 거대한 공원은 소래의 폐염전 일대를 중심으로 펼쳐져 있다.

소염교를 지나 소래갯벌과 폐염전 사이의 소래습지생태공원전시관에 오르면 염전 너머 갈대밭, 갈대밭 너머 풍차, 풍차 너머 도시의 빌딩까지 이 모든 것을 한눈에 관망할 수 있다. 거울처럼 맑은 염전에 비친 풍경은 또 하나의 세상이다. 염전에 비친 다리가 다른 차원으로 통하는 길처럼 느껴진다. 갈대 무리에 둘러싸인 풍차는 대한민국의 인천과 네덜란드의 시골 마을 그 중간 세상 어디쯤인 듯하다.

전망대를 내려와 황톳빛 산책로를 걷다보면 소금창고를 만나게 된다. 워낙 오래된 건물인지라 음산한 분위기도 없지 않지만, 낯선 두려움도 잠시, 나무로 만들어진 빨간 지붕의 창고를 마주할 때마다 묘한 신비감에 사로잡힌다. 사진기를 들고 있다면, 당신은 셔터가 닳도록 눌러댈 것이다. 어디서도 볼 수 없는 이 매력적인 풍경을 한 컷이라도 더 담아가고 싶을 테니.

알고 가면 더 좋다

소래습지생태공원은 걸어서 둘러보기에는 너무 넓다. 공원 입구에 남동구 공영자전거대여소가 설치되어 있으니, 꼭 자전거를 빌려 둘러보도록 하자. 대여 시 신분증은 필수다.

소래습지생태공원전시관 3층 전망대는 최고의 촬영 포인트. 하지만 3층에는 새똥이 가득하니 3층보다 염전에 더 가깝고 깔끔한 2층을 추천한다.

전시관 앞으로는 갯벌 체험장이 마련되어 있다. 염생식물(염분이 많은 토양에서 자라는 식물)과 갯벌 생물을 관찰하기에 좋다. 체험객을 위해 손과 발을 씻을 수 있는 수돗가도 따로 마련해두었다.

봄부터 가을까지 소래습지생태공원을 방문한다면, 선크림과 모자는 필수. 공원 내에 10여 곳의 그늘 쉼터를 마련해놓긴 했지만, 쉼터를 제외하고는 햇빛을 피할 방법이 없다.

화장실은 전시관 가는 길에 있는 매점과 전시관에 있다. 축구장 40개 넓이의 공원 크기를 생각했을 때, 볼일은 이곳에서 미리 해결하는 게 상책.

소래염전은 1970년대까지 국내 소금 유통량의 30%를 책임졌을 정도로 국내 최대 규모의 천일염 생산지였다. 하지만 소금 수입이 늘어나면서 1996년 문을 닫았다.

인천 주민 추천 ★★★★★

"노을이 내린 염전은 마치 붉은 셀로판지 수천만 장을 깔아놓은 것 같아요. 이 외에도 예쁜 창문이 달린 풍차와 갈대숲의 철새까지 매력적인 피사체가 넘쳐나기에 수많은 사진작가가 이곳을 찾고 있죠."

- **주소** 인천광역시 남동구 소래로154번길 77
- **입장시간** 10:00~18:00
- **입장료** 없음
- **평균 소요시간** 머무르는 만큼
- **문의** 032-435-7076

소래염전

빼곡한 아파트 너머 쉼표 하나
원인재

특별한 여행지로서의 위용은 없지만, 지친 발걸음이 잠시 머물기에는 더할 나위 없이 좋은 곳이다. 원인재源仁齋는 인천 이씨 중시조인 이허겸의 묘 앞에 세운 건물로, 아담한 고택의 멋을 자아낸다. 아파트 단지와 공단 사이로 비밀의 정원처럼 숨어들 듯 자리하고 있어 옛 가옥의 호젓한 풍경이 더욱 특별하게 느껴진다. 마침표 없이 달리는 도시의 시간 가운데에 커다란 쉼표 하나 찍어둔 기분이랄까. 더군다나 인적도 드물어 평안한 분위기를 만끽할 수 있다.

세상의 복잡한 소음과는 상관없다는 듯 이곳은 저 홀로 한없이 고요하고 평화롭기만 하다. 특히 입구 앞에 자리한 아기자기한 연못은 원인재가 지닌 소박한 멋. 노란 수선화가 필 때면 연못 위로 그윽한 꽃향기가 퍼져 오르고, 나비라도 한 마디 날아들면 한 폭 수묵화가 완성된다. 한여름 초록 나무가 몸을 부풀릴 때면 이곳은 시원한 그늘 천국이 된다. 책 한 권 들고 마루에 앉아 두어 시간 게으름을 피워도 좋다. 특별히 눈치볼 필요 없으니 낮잠도 문제없겠다. 새들도 이 조용한 공간이 맘에 드는지 쉴 새 없이 지저귄다. 몸과 마음을 다 풀어놓고 앉아 있자니, 돌담과 처마 너머로 솟은 아파트가 멀리 딴 세상처럼 느껴진다. 가슴에 들끓던 그리움, 불안 따위도 이곳에서는 잠시 멈춰 선다. 인천은 좋겠다. 이토록 낮고 평화로운 쉼표가 있어서.

알고 가면 더 좋다

원인재역 1번 출구로 나와 가로수길을 따라 5분 정도 걸으면 된다. 신연수역 2번 출구에서도 가깝다. 길 안쪽으로 숨어 있듯 자리 잡고 있으니 지나치지 않도록 주의하자.

방문 시 건물의 지붕을 자세히 살펴볼 것. 한옥 지붕 구조의 하나인 팔작지붕(박공이 달린 삼각형의 벽이 있는 지붕) 형식이다.

원인재 옆 우거진 숲길은 연수둘레길로 이어진다. 승기천을 끼고 이어지는 연수둘레길 역시 호젓하니 산책하기에 그만이다.

원인재역에서 시작해 문학터널까지 이어지는 3킬로미터의 가로수길은 봄이면 벚꽃으로 뒤덮인다. '연수벚꽃축제'가 이곳에서 열릴 만큼 인천에서는 벚꽃으로 꽤 유명한 거리다.

다행히 마당에 공용화장실이 있어 화장실을 가기 위해 원인재역까지 가야 할 수고는 없다.

원래 연수구 연수동 적십자 요양원 왼쪽 신지마을에 있던 이허겸(인천 이씨의 시조)의 재실이었으나, 택지개발사업으로 해체되어 현재는 그의 묘역 곁에 복원하였다.

인천 주민 추천 ★★★☆☆

"벚꽃철이 지나면 담장 아래 들꽃이나 등나무 벤치에 앉은 산비둘기, 연못의 물고기 등 소소한 풍경을 찾는 재미가 있는 곳입니다. 주변의 숲길도 아늑하니 멋지답니다."

- **주소** 인천광역시 연수구 경원대로 322
- **입장시간** 8:00~18:00
- **입장료** 없음
- **평균 소요시간** 머무르는 만큼
- **문의** 연수구 문화체육과 032-749-7311

열정의 해우소에서 소리 질러
문학야구장

프로야구 SK 와이번스의 홈구장이자 국내에서 3곳뿐인 내외야 천연잔디 구장 중 한 곳으로 유명세를 떨쳐온 문학야구장은 인천 스포츠의 상징적 공간이다. 특히 인천은 한국 야구의 출발지로서, 이곳을 방문하는 일은 인천의 야구 열정에 흠뻑 취해볼 기회이기도 하다. 문학야구장이 건립된 것은 고작 2002년이지만, 인천의 야구 역사는 100년을 훌쩍 넘겼다. 인천 야구의 역사가 곧 한국 야구의 역사라 해도 과언은 아니겠다. 우리나라 최초 야구장인 웃터골운동장(현 제물포고등학교)에서 최초로 시합을 펼친 후, '인천 3강'으로 불리던 인천고, 동산고, 제물포고의 전성기를 거쳐 삼미 슈퍼스타즈에서 청보 핀토스, 태평양 돌핀스, 현대 유니콘스, SK 와이번스로 이어지는 프로야구까지 인천은 야구 열정을 끊임없이 덥혀왔다.

조용조용 눈치보며 살아가는 도시인에게 문학야구장은 목 터져라 소리 질러도 누구 하나 말리지 않는 곳, 제멋대로 내뱉은 감탄사마저도 응원으로 승화되는 곳이다. 꾹꾹 눌러두었던 스트레스를 해방시키고, 서로의 열정을 마구 흡입할 수 있는 이 공간은 잠시나마 사람답게 웃고 울 수 있는 시간을 제공한다. 쌓인 근심과 분노를 보란 듯 해소할 수 있는 동시에 뜨거운 열정을 맛볼 수 있는 일종의 정신적 해우소랄까. 좀더 속 시원한 여행을 꿈꾼다면 문학야구장에 들러 바락바락 소리 한번 질러볼 일이다.

알고 가면 더 좋다

문학야구장에서는 '관람하는 야구'를 넘어 '즐기는 야구'의 진수를 맛볼 수 있다. 국내 최초로 삼겹살을 구워먹으며 야구를 관람할 수 있게 만든 '바비큐존', 주변의 간섭 없이 가족과 경기를 즐기는 '패밀리존', 널찍한 테이블에서 파티를 즐기며 보는 '외야 파티덱', 캠핑이 가능한 '그린존', 아늑한 실내에서 편안히 관람할 수 있는 '스카이박스'까지 그야말로 야구장의 혁신을 이뤘다.

문학야구장에서는 치킨과 핫도그는 기본이고, 기존에 볼 수 없었던 삼겹살과 와인까지 다양한 먹거리를 판매한다.

2002년 개장한 문학야구장은 설계 당시 미국 로스앤젤레스 다저스 스타디움을 본 따 만들었다는 설이 전해진다. 외야 이원화 전광판, 샌드위치 판넬식 관중석 등을 비롯해 전체적인 야구장의 모양도 다저스 스타디움과 비슷한 구석이 있다.

3루 1층 복도에는 아이들을 위한 놀이터 '와이번스 랜드'가 있다. 가족 단위 관람객을 위해 배려한 시설이다. 다양한 놀이기구 덕분에 야구장은 더욱 신나는 여행지가 된다.

문학주경기장

문학야구장

문학경기장의 부대시설을 이용한다면 더욱 즐거운 스포츠 여행을 누릴 수 있다. 주경기장 서쪽의 보조경기장을 비롯해 동쪽 출입구 부근 인공암벽장과 풋살구장까지 가볍게 운동을 즐길 시설이 곳곳에 마련되어 있다.

7월부터 8월까지 문학경기장 동문광장에서는 '문학워터파크'를 만날 수 있다. 워터파크 입장료는 1만2000원이고, 추가 비용을 지불하면 커다란 몽골텐트와 그늘막을 대여해준다. 텐트가 있다면 지정된 장소에 자리를 잡으면 된다. 운영 시간은 오전 10시부터 오후 6시까지.

인천1호선 문학경기장역에 내려 2번 출구로 나가서 10분 정도 걸어가면 된다.

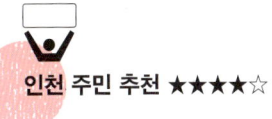

인천 주민 추천 ★★★★☆

"야구장도 유명하지만, 문학주경기장은 2002 한일 월드컵 16강 진출을 결정 지은 곳이기도 합니다. 이곳에 자리한 월드컵홍보관에서 2002년 월드컵의 잊지 못할 순간들도 추억해보세요."

- **주소** 인천광역시 남구 매소홀로 618 문학경기장
- **입장시간** 시합 일정에 따라 변동
- **입장료** 야구장 일반석 9000원, 그린존 1만 원, 의자지정석 1만5000원, 응원지정석 1만2000원, 바비큐존 4인 기준 8만 원, 홈런커플존 3만 원, 외야 파티덱 4인 기준 6만 원
- **평균 소요시간** 3시간
- **문의** 032-200-7507

| 여기도 한번 가보세요 |

숨 좀 고르고 갑시다
인천대공원

도시의 매연과 서류 뭉치에 발목 잡힌 도시인을 위해 대도시는 숨을 고를 수 있는 커다란 공원을 하나씩 마련해두었다. 서울의 서울숲이나 올림픽공원이 그렇고, 뉴욕의 센트럴파크나 시드니의 보타닉가든이 그렇다. 시민의 휴식 공간으로서 공원은 빡빡해진 마음에 여유를 불어넣는다. 인천의 대표적인 나들이 코스로 인천 사람들의 오랜 사랑을 받아온 인천대공원은 이 '여유'의 집합체라고 할 수 있다.

인천대공원을 즐기는 데 특별한 코스는 따로 없다. 3~4시간 아무 생각 없이 거닐기만 해도, 산책하는 길목마다 다양한 방식의 쉼을 마주할 수 있다. 10미터 높이의 울창한 활엽수림이 초록빛을 발하는 수목원과 식물원, 5월이면 장미로 뒤덮이는 장미원, 오리 떼가 노니는 호수공원, 그리고 이외에도 조각원, 삼림욕장, 자전거 광장, 어린이동물원, 사계절썰매장 등이 길목마다 펼쳐지며 다양한 방식의 쉼을 전한다. 물소리, 새소리를 들으며 조각 예술을 감상하고, 오솔길 정자에 올라 게으른 하품을 내뱉는다. 곳곳에서 터져 오르는 분수는 하늘을 적시고, 촉촉해진 마음은 숲길을 거닌다. 공원 주위가 개발제한구역으로 지정되어 있어 시골 풍경을 감상할 수도 있다. 담소를 나누며 느긋이 걷기에도, 자전거로 신나게 달리기에도, 벌렁 드러누워 오후의 낮잠을 즐기기도 좋다. 오래 머물지 않아도 가벼이 치유되는 곳. 아침이든 낮이든 저녁이든 그 나름의 운치를 즐길 수 있으며, 산책하는 내내 사방에서 뿜어져 나오는 피톤치드 덕분에 몸과 마음은 깨끗하게 정화된다.

- **위치** 인천광역시 남동구 무네미로 236 동부공원사업소
- **운영시간** 하절기 5:00~23:00, 동절기 5:00~22:00
- **문의** 032-466-7282

인천대공원, 이때 가면 더 좋다

봄날의 인천대공원을 기다려

4월이면 인천대공원에서 인천 최대의 벚꽃축제가 열린다. 공원 남문에서 시작되는 1.5킬로미터의 벚꽃길은 중앙호수 인근까지 길게 이어진다. 인천의 벚꽃 개화 시기는 다른 지역보다 조금 느린 편이니 혹여나 시기를 놓쳤다면 이곳에서 벚꽃 풍경을 만끽하도록 하자.

장밋빛 인천대공원

장미는 인천의 시화市花이다. 인천대공원 장미원 6000제곱미터 (약 1800평) 부지에는 66종의 장미 1만2000여 주가 식재돼 있다. 6월이면 붉은 유로피아나, 순백의 파스칼리, 샛노란 골드바니 등 형형색색 장미의 장관을 구경할 수 있다.

사계절 내내 썰매 타기

사계절 썰매장은 인천대공원이 자랑하는 최고의 액티비티 시설이다. 봄과 가을에는 봅슬레이 슬로프를, 여름에는 물썰매를, 겨울에는 눈썰매를 즐길 수 있다. 썰매장과 함께 수영장 2곳을 운영한다. 오전 10시부터 오후 5시까지 이용할 수 있고, 어른은 7000원, 청소년은 5000원의 입장료가 있다.

무엇을 먹을까

지연네숯불조개구이

'허벌나게 퍼 드립니다'를 식당 모토로 삼는 조개구이 전문점으로 정말 허벌나게 퍼주는 정도는 아니지만, 풍족하게 먹을 수준은 된다. 사장님 마음 내키면 대하도 서비스로 척척. 게다가 24시간 영업이니, 야식으로 싱싱한 조개구이 한 판도 나쁘지 않겠다.

- **가는 길** 소래어시장 맞은편
- **주소** 인천광역시 남동구 장도로 79-24
- **문의** 032-433-6737
- **휴일** 연중무휴

소래정 호떡범벅

소래포구에서 가장 맛있는 게 꽃게와 대하라면, 그다음은 호떡범벅이다. 호떡범벅은 소래포구의 명물로 튀긴 호떡에 꿀을 바른 후 견과류를 잔뜩 입혀 먹는 독특한 간식이다. 주말이면 달콤하고 고소한 호떡범벅을 맛보려는 사람들이 어시장 앞으로 길게 줄을 선다.

- **가는 길** 소래포구종합어시장 353호
- **주소** 인천광역시 남동구 소래역로 12
- **문의** 032-719-1353
- **휴일** 연중무휴

해심256호

소래포구종합어시장에서 가장 인기가 많은 업소로 저렴하고 친절하고 특히 서비스가 좋기로 유명하다. 인터넷 소래포구종합어시장 검색에서도 단연 1순위다. 방사능측정기를 보유하고 있어 직접 측정 후 구매할 수도 있다.

- **가는 길** 소래포구종합어시장 건물 내
- **주소** 인천광역시 남동구 소래역로 12
- **문의** 032-719-1256
- **휴일** 연중무휴

한우가

소래포구종합어시장의 즐비한 횟집들 사이로 당당하게 간판을 내건 한우 전문점. 1++등급, 1+등급, 1등급 거세 한우를 최저가로 판매하는 정육식당으로 살살 녹는 등심 맛이 일품이다. 점심에는 회 한 접시로, 저녁에는 한우 한 접시로 배를 채워보는 건 어떨까.

- **가는 길** 소래포구종합어시장 건물 1, 2층
- **주소** 인천광역시 남동구 소래역로 12
- **문의** 032-719-2228
- **휴일** 연중무휴

무엇을 먹을까

청담비빔국수

이름 그대로 비빔국수 전문점이다. 너무 맵지 않으면서도 칼칼하고 새콤한 국수가 입맛을 당긴다. 비빔국수 외에도 잔치국수, 콩국수, 꽃게칼국수 등 다양한 국수 메뉴를 판매한다. 갈비만두, 감자고기만두 등 만두로도 유명하다.

- **가는 길** 소래포구역 2번 출구 건너편
- **주소** 인천광역시 남동구 소래역동로 2-5
- **문의** 032-421-6969
- **휴일** 매주 월요일

제임스떡뽀끼

문학경기장 근처 맛집으로 이름난 제임스떡뽀끼는 인천을 대표하는 분식 브랜드 중 하나가 되었다. 떡볶이를 비롯해 순대, 꼬마김밥, 튀김 등 다양한 분식을 판매한다. 그중 오징어 몸통만을 재료로 하는 오징어튀김과 큼지막한 군만두가 가장 맛있다. 주머니 사정이 가벼운 여행자에게 든든하고 맛있는 한 끼가 되어줄 것이다.

- **가는 길** 인천도호부청사 맞은편 골목
- **주소** 인천광역시 남구 매소홀로 576번길 9
- **문의** 032-821-2949
- **휴일** 연중무휴

황해게장전문점

뽕나무와 오디효소로 달인 간장을 사용해 깔끔하고 깊은 맛을 자랑한다. 직접 재배하거나 시골에서 공수한 식재료를 양념의 재료로 사용하고, 모든 음식에 식품첨가물을 전혀 넣지 않는다. 건강한 맛을 자부하는 맛집이랄까. 정갈한 반찬도 입맛을 돋운다.

- **가는 길** 소래포구 진입로 소래신협 맞은편 길
- **주소** 인천광역시 남동구 포구로 12
- **문의** 1661-0823
- **휴일** 둘째, 넷째 수요일

어디서 쉴까

기다리다

'품질'을 최우선으로 하는 로스터리 카페로 질 좋고 신선한 원두만을 선별해 사용한다. 원두는 5일에 한 번씩 매장에서 직접 볶는다. 특이한 점은 카페이자 예배 공간이라는 것. 교회 전도사가 직접 운영을 하는 카페로 일요일이면 카페는 예배당으로 변신한다. 크리스천 여행객이라면 주일에 한 번쯤 방문해보는 것도 좋겠다. 커피 외에도 타발론 티, 직접 우린 대추차 등 건강에 좋은 차 종류도 다양하게 준비되어 있다.

- **가는 길** 소래포구 2번 출구 건너편
- **주소** 인천광역시 남동구 앵고개로 928
- **문의** 010-2251-3840
- **휴일** 일요일

커피하루

핸드드립과 더치커피 전문점이다. 핸드드립 마니아에게는 이미 정평이 나 있다. 매장에는 총 56가지 생두와 45가지 원두가 전시되어 있다. 핸드드립의 경우 클래식, 프리미엄, 스페셜로 등급을 나누고 각 등급 이하로 리필이 가능하다. 복층 인테리어로 아늑한 휴식 공간을 제공한다.

- **가는 길** 소래포구역 1번 출구 피자헛 골목 대각선
- **주소** 인천광역시 남동구 소래역동로 6-11
- **문의** 010-2315-4056
- **휴일** 연중무휴

어디서 쉴까

want some coffee

로스팅한 신선한 원두를 사용하며, 일반 프랜차이즈 커피보다 산뜻한 맛을 자랑한다. 세련되고 빈티지한 느낌이 진한 커피 향과 어울린다. 만화책부터 문학책까지 다량의 서적을 비치해두고 있어 북카페의 분위기도 물씬 풍긴다. 흡연자들을 위한 넓은 흡연 구역도 갖추고 있는데, 또 하나의 카페로 이어지는 듯 섬세하고 세련되게 꾸며놓았다.

- **가는 길** 한화에코메트로 7단지와 10단지 사이 상가단지
- **주소** 인천광역시 남동구 에코중앙로 156번길 5-16
- **문의** 032-442-0409
- **휴일** 연중무휴

마추피추

편백나무로 인테리어 한 실내에서 피톤치드 효과를 맛볼 수 있다. 카페 2층에는 2개의 온돌 룸이 마련되어 있어 다리 뻗고 쉬어가기에 좋다. 원산지별로 핸드드립 커피를 즐길 수 있으며, 청포도를 통째로 갈아 만든 청포도주스도 인기가 좋다. 1층에서는 핸드메이드 팔찌를 판매한다. 신협과 협약을 맺어 신협 체크카드로 결제 시 20% 할인 혜택을 받을 수 있다.

- **가는 길** 원인재역 4번 출구 맞은편 우성상가 1층
- **주소** 인천광역시 연수구 원인재로 180
- **문의** 032-811-6254
- **휴일** 연중무휴

어디서 쉴까

더블해피니스

녹차빙수로 유명한 카페다. 요즘 유행하는 눈꽃빙수 스타일로 달지 않고 깔끔하다. 작은 그릇 하나면 둘이서 가볍게 부담 없이 즐길 정도의 양이다. 백화점 식당가에 위치한 카페이다보니 점심시간에는 시끄러울 수 있다. 하지만 이 시간을 피해 찾으면 넓고 화사한 실내 분위기에서 속 시원한 휴식을 취할 수 있다.

- **가는 길** 인천터미널 신세계백화점 6층 전문식당가
- **주소** 인천광역시 남구 연남로 35 신세계백화점
- **문의** 032-430-1314
- **휴일** 매월 변동

캠프로터스

마치 야영장에서 바비큐 파티를 즐기듯 야외 캠핑의 분위기를 한껏 즐길 수 있다. 170평 대형 매장과 야외 테라스가 도심 속 캠핑의 참맛을 느낄 수 있도록 돕는다. 너른 텐트 안에서 대형 그릴로 직접 구운 삼겹살과 시원한 맥주로 글램핑의 재미를 누려보는 것도 좋겠다.

- **가는 길** 인천논현역 3번 출구 앞 카페베네 건너편 로얄프라자 7층
- **주소** 인천광역시 남동구 논고개로 123번길 45-1 로얄프라자
- **문의** 070-4247-6559
- **휴일** 연중무휴

모텔소라

소래포구 인근 모텔 중에 가장 깔끔한 방을 자랑한다. 여느 모텔과 크게 다를 바 없는 구조이지만, 세련되고 깔끔한 실내 디자인은 소라만의 강점이다. 또한, 남동구 우수숙박업소(굿스테이)로 지정된 곳으로 친절과 서비스도 만족스러운 편이다.

- **가는 길** 소래포구역 2번 출구에서 어시장 방향 첫번째 횡단보도를 건넌 후 골목 직진 1분
- **주소** 인천광역시 남동구 소래역로30번길 22 소래광장프라자
- **예약 및 문의** 0507-959-1077

폴로호텔

2013년 3월에 개관한 관광호텔로 규모는 작지만, 깔끔하고 정갈한 객실과 정성 담긴 서비스로 승부하는 곳이다. 객실마다 디자인이 달라 다양한 선택을 누릴 수 있다. 객실 내의 작은 정원은 폴로호텔의 자랑. 욕실 용품도 고급 제품을 사용한다. 충실한 서비스와 고급 시설에 비해 숙박료는 스탠더드 8만 원, 스위트 10만 원으로 저렴한 편이다.

- **가는 길** 소래포구역 2번 출구 건너편 골목으로 진입 후 오른쪽
- **주소** 인천광역시 남동구 앵고개로934번길 30
- **예약 및 문의** 032-426-9250, polohotel.co.kr

스텔라마리나호텔

2013년 10월 개관한 27층 높이의 호텔이다. 총 250개의 객실을 갖추고 있으며 소래포구권에서 가장 규모가 크다. 심플하고 아늑한 분위기의 객실은 관광객과 출장 중인 기업인들의 평온한 휴식을 돕는다. 세미나룸, 피트니스센터, 고급 레스토랑 등 비즈니스호텔에 걸맞은 전문 시설과 서비스를 자랑하며, 주상복합 형태로 다양한 편의시설과 먹거리, 볼거리를 갖추고 있다.

- **가는 길** 수인선 호구포구역 맞은편
- **주소** 인천광역시 남동구 논현로46번길 51
- **예약 및 문의** 032-426-1100, www.stellarmarinahotel.com

SJ디자인호텔

소래포구에서 가장 깔끔한 잠자리를 원한다면, SJ디자인호텔을 추천한다. 특급호텔은 아니지만, 특급호텔 수준의 깔끔한 객실과 침구류를 제공한다. 건물 외관을 비롯해 로비, 객실 조명까지 이름처럼 세련된 디자인 감각을 자랑하는 공간이기도 하다. 객실에는 고객 편의를 위한 노트북도 비치되어 있다.

- **가는 길** 소래포구종합어시장 건물 옆
- **주소** 인천광역시 남동구 소래역로 26-16
- **예약 및 문의** 032-435-4977, sjdesignhotel.co.kr

어디서 잘까

스파펜션수목어

힐링은 필요한데 어디 멀리 떠나지는 못할 때, 도심 한가운데서 굳이 힐링을 원한다면 부평 스파펜션수목어를 찾아가자. 자연친화적인 인테리어와 위생적인 스파 시설, 그리고 테라스에서 즐기는 바비큐가 도심 속 힐링 여행을 완성한다. 수영장을 방불케 하는 파도풀 스파는 이색적인 재미를 더해준다.

- **가는 길** 롯데시네마 부평점 건너편 M2 건물 5층
- **주소** 인천광역시 부평구 시장로30번길 5
- **예약 및 문의** 032-362-7019, smokar.co.kr

픽스게스트하우스

인천의 중심인 부평에 자리하고 있어서 동인천을 비롯해 소래포구, 영종도, 그리고 서울까지도 쉽게 이동할 수 있다. 특히 게스트하우스 주인장은 각종 스포츠와 록 음악 마니아로 같은 취미를 가진 게스트라면 스포츠 게임, 야구 경기, 기타 연주 등을 실컷 즐길 수 있을 것이다. 친한 친구 집에 놀러 온 듯한 편안한 분위기가 이곳의 강점이다.

- **가는 길** 부평시장역 2번 출구에서 씨티은행을 끼고 돌아 시장로터리 방향으로 직진 후 광명수산에서 왼쪽으로 100미터
- **주소** 인천광역시 부평구 주부토로22번길 1 한우궁 4층
- **예약 및 문의** 010-9822-0304, blog.naver.com/indifix1

특별 권역

인천의 미래를 여행하다
송도국제도시

우리나라 경제의 새로운 성장 동력이 되어줄 국제비즈니스 도시 건립을 목표로 지난 2003년부터 개발에 들어간 송도국제도시는 인천의 미래가 담긴 지역이다. 서울 여의도의 70배에 달하는 부지에 인천의 원도심과 명확히 구분되는 새로운 방법과 모습으로 미래적이고 친환경적인 도시를 세우고 있다. 2020년에 완공될 예정이라 아직 군데군데 황량한 느낌을 지울 수 없지만, 현재까지

건설된 창의적이고 특색 있는 건물과 공원만 보더라도 국제도시의 위용을 느낄 수가 있다. 그 변화의 과정을 들여다보는 것은 인천을 새롭게 감각하는 일이며, 또 하나의 인천을 이해하는 일이다. 송도국제도시가 어떤 모습으로 어떻게 인천의 미래를 꾸려가고 있는지, 여행자의 눈으로 바라보고 감각하고 이해해볼 일이다.

센트럴파크

은빛으로 반짝거리는 빌딩 숲 가운데 거대한 공원. 수로를 따라 온갖 종류의 나무가 몸을 세우고, 나무와 나무 사이 초록 잔디가 살랑거리는 이곳은 송도 센트럴파크다. 예술적인 조형물은 자연과 어우러져 공원에 세련된 멋을 더해준다. 울타리 너머로 꽃사슴과 토끼가 풀을 뜯고, 물레방아와 정자가 빌딩의 반듯한 자태에 말랑말랑한 감성을 덧칠한다. 여우비라도 내리는 날에는 분수 곁으로 아담한 무지개도 모습을 드러낸다. 이렇듯 센트럴파크는 대형 빌딩으로 가득한 이곳을 녹색도시로 탈바꿈하는 역할을 담당하고 있다. 겉으로 드러나는 모습에서뿐만 아니라 그 기능에서도 친환경 공원의 면모를 보여준다. 첨단업무지구와 주거단지 한가운데 있어 도시의 열섬 현상을 저지하며, 빗물을 효율적으로 재

활용할 수 있는 최신 공법이 도입됐다. 길이 1.8킬로미터, 최대 폭 110미터에 이르는 인공 수로는 국내 최초로 해수를 끌어와 물길을 갖췄다.

- **주소** 인천광역시 연수구 인천타워대로 240
- **문의** 인천광역시시설관리공단 공원관리팀 032-721-4404

트라이볼

센트럴파크 한쪽 구석에 자리한 이 기묘한 조형물은 송도의 복합 문화 공간으로 시민들의 발길이 잦은 곳이다. 독특한 외관은 3개의 그릇 모양을 형상화하고 있으며, 각각 하늘, 땅, 바다를 상징한다. 세계 최초 역셸(易shell) 구조로 지어져 2010년 한국건축문화대상에서 사회공공부문 대상을 받은바 있다. 특히 송도국제도시를 배경으로 하는 아름다운 야경은 압권. 은은한 빛을 발하는 건물은 사진작가들에게 최고의 피사체가 된다.

실내는 공연장과 휴식 공간으로 이루어져 있다. 클래식과 대중음악, 국악, 무용, 연극 등

의 공연과 미디어아트, 영상, 설치전시 등의 기획전시 공간으로 활용되며 현대예술, 생태환경, 건축과 도시를 테마로 하는 교육 프로그램도 운영한다. 트라이볼 정기공연으로는 매월 둘째주 일요일 5시 진행하는 〈특별한 일요일 오후〉와 6월, 8월, 10월, 12월 격월로 셋째 금요일에 진행하는 〈금요낭만다방〉이라는 7080 프로그램이 있다.

- **주소** 인천광역시 연수구 인천타워대로 250
- **문의** 032-760-1014, www.tribowl.kr

커넬워크

송도국제도시의 쇼핑 거리다. 신사동의 가로수길이나 홍대의 문화 거리처럼 송도 지역을 대표하는 복합문화쇼핑골목으로 점차 자리를 잡아가고 있다. 이는 엔씨 큐브(NC CUBE)에서 선보이는

새로운 형태의 유통 매장으로 쇼핑, 문화, 맛집, 산책 등을 한 번에 즐길 수 있다는 게 특징이다. 사실 상업적인 공간이지만, 거리의 개성을 강조하기 위한 노력들이 이곳을 문화적 공간으로 보기 좋게 표현해냈다.

봄, 여름, 가을, 겨울 계절별 콘셉트로 구간을 나누고 있으며, 모든 구간을 관통하는 중

앙 인공 수로를 만들어놓았다. 수로를 중심으로 양쪽에 블록형 매장들이 배치되어 있으며, 거리 곳곳에서 정기적으로 공연과 벼룩시장 등 문화 행사를 하기도 한다. 구간마다 설치된 다양한 조형물도 눈길을 끈다.

- **주소** 인천광역시 연수구 아트센터대로 87
- **문의** 032-723-6300

송도G타워 전망대

센트럴파크 전체와 송도국제도시 일부를 조망할 수 있는 곳으로 29층 하늘정원을 개방해 전망대로 활용하고 있다. 맞은편으로 송도국제도시의 랜드마크인 동북아트레이드타워가 솟아 있고, 그 아래 센트럴파크가 세로로 펼쳐 있다. 반대편으로는 멀리 인천대교도 보인다. 센트럴파크와 그 인근으로 아직 채 완공되지 못한 빌딩들의 조화가 아직은 어색해 보이기도 하지만, 송도국제도시의 전체적인 틀을 확인해볼 수 있는 유일한 공간이다.

- **주소** 인천광역시 연수구 아트센터대로 175
- **개방시간** 평일 9:00~19:00

오션스코프

오션스코프는 세계 3대 디자인 어워드 중 하나인 레드닷 디자인어워드(Red Dot Design Award)에서 대상을 받은 컨테이너 건축물로 인천대교 전망대로 활용 중이다. 세 개의 컨테이너가 다른 각도로 기울어진 채 하늘을 바라보고 있는 형태로 각각 인천대교, 서해 그리고 서쪽 하늘을 상징한다. 컨테이너 끝자락에 오르면 인천대교와 서해의 낙조를 한 번에 감상할 수 있으며, 일몰시부터 점등되는 인천대교의 야경을 감상하기 위해 수많은 이들이 저녁마다 이곳을 찾아온다.

- **주소** 인천광역시 연수구 송도동 30-9

인천시립박물관

송도에서 가까운 연수구 옥련동 소재 인천시립박물관은 1946년 4월 1일에 세워진 우리나라 최초의 공립박물관이다. 인천의 과거와 현재를 조명하는 곳으로 국제도시 송도가 나아가야 할 방향을 제시해준다. 초대형 박물관은 아니지만, 선사시대 고대 유물부터 개항 이후와 광복 이전의 근대 생활품까지 시대별로 잘 구분해 전시가 되어 있다. 박물관 바로 옆으로 인천상륙작전기념관이 자리해 있어 6·25전쟁 당시의 상처와 영광을 함께 들여다볼 수 있다.

- **주소** 인천 연수구 청량로160번길 26
- **관람시간** 9:00~18:00(월요일 휴관)
- **문의** 032-440-6750~1

 **무엇을 먹을까**

맨하탄

치아바타, 크레이지 핫 슈림프, 고르곤졸라 등 신선한 재료와 홈메이드 소스로 무장한 샌드위치를 선보이는 카페다.

- **주소** 인천광역시 연수구 컨벤시아대로 116 송도 푸르지오 월드마크
- **전화** 032-858-9788

스시웨이

정통 일식 초밥 전문점으로 회가 두툼하고 신선해 식감이 뛰어나며 플레이팅도 정교하다.

- **주소** 인천광역시 연수구 센트럴로 232 더샵센트럴파크1
- **전화** 032-834-3704

 어디서 쉴까

Jason Coffee

빙수로 송도 일대를 접수한 곳이다. 티라미수, 마카롱, 멜론, 블루베리 등 다양한 빙수가 있다.

- **주소** 인천광역시 연수구 아트센터대로 149 커낼워크 D1
- **전화** 032-859-0801

URBAN3-23

독특하고 예쁜 인테리어로 입소문이 난 곳이다. 로스터리 카페로 커피와 함께 파스타도 판매한다.

- **주소** 인천광역시 연수구 해돋이로 102
- **전화** 032-833-0323

 어디서 잘까

오라카이송도파크호텔

센트럴파크를 전망하기 가장 좋은 곳에 있는 특급호텔로 다양한 시설과 품격 있는 서비스를 자랑한다.

- **주소** 인천광역시 연수구 테크노파크로 151
- **예약 및 문의** 032-210-7000, www.orakaihotels.com

베니키아프리미어 송도브릿지호텔

탁 트인 창문으로 인천대교와 서해 낙조를 보며 편안한 휴식을 즐길 수 있는 비즈니스 호텔이다.

- **주소** 인천광역시 연수구 컨벤시아대로 233
- **예약 및 문의** 032-210-3000, www.songdobridgehotel.com

03 강화도권

인천의 뒤뜰에 머물다

강화도의 매력에 빠져드는 코스

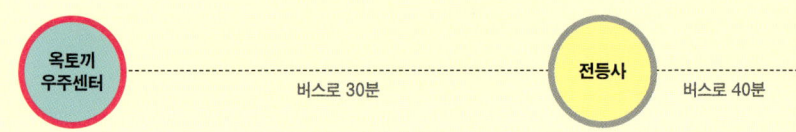

옥토끼우주센터 — 버스로 30분 — 전등사 — 버스로 40분

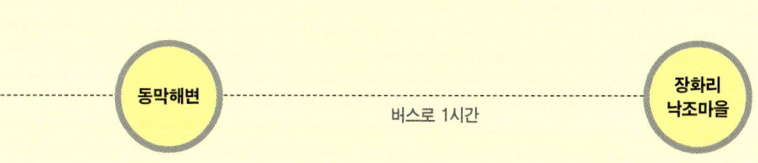

여행 난이도 ★★☆☆☆

자가용이 없다면 버스가 유일한 이동 수단이므로 시간 관리를 잘해야 한다. 버스 시간에 쫓기듯 여행하기 싫다면 아예 일정을 1박 2일로 잡는 것이 좋다.

언제 가면 좋을까

사계절 모두. 전등사의 풍경은 봄, 가을이 절경이다. 동막해변은 해수욕 시즌인 여름이 적기이지만, 한적하고 청명한 가을과 겨울에도 가볼 만하다. 365일 내내 아름다운 노을을 조망할 수 있는 장화리 낙조마을과 옥토끼우주센터는 어떤 계절이든 좋다.

본격적인 여행에 앞서

1. 인천에서 강화도로 가려면 인천종합터미널에서 800번을 타면 된다. 강화시외버스터미널에서 전등사까지는 51번과 64번, 순환버스 2번을, 전등사에서 옥토끼우주센터까지는 51번과 64번을, 전등사에서 동막해변까지는 순환버스 2번과 3번을, 동막해변에서 장화리 낙조마을까지 역시 순환버스 2번과 3번을 이용하면 된다.

2. 버스로 여행을 하겠다고 마음먹은 것이 아니라면, 자가용이나 렌터카로 여행하는 것도 적극 추천한다. 버스가 닿지 않는 곳곳에 예쁜 카페나 피크닉 장소가 많이 숨어 있고 강화읍을 기점으로 사방으로 도로가 뚫려 있어 드라이브하기에 좋다. 특히 해안도로는 드라이브의 백미다.

3. 숙소는 동막해변과 장화리 낙조마을의 펜션 단지를 추천한다. 꼭 이곳이 아니더라도 강화도는 해안을 따라 예쁜 펜션이 즐비하니, 원하는 장소에 원하는 분위기의 펜션을 고르면 되겠다. 단, 게스트하우스는 찾아보기 힘들다.

이것만은 꼭

★ **순환버스 타고 강화도 일주하기.** 강화도에는 해안도로를 따라 섬을 순환하는 '해안관광 순환버스(1번~4번)'가 있다. 강화시외버스터미널에서 각각 1시간마다 출발한다. 총 길이 약 100킬로미터의 도로를 따라 2시간 30분 동안 달리며 외포리, 동막해변, 함허동천, 전등사, 장화리, 초지진, 광성보 등 강화도 대부분 명소를 거쳐간다.

★ **전등사 삼랑성 둘레길을 걸어보자.** 전등사를 에두르는 삼랑성벽은 약 2.3킬로미터. 정족산성이라고도 불리는 이 성벽길은 우거진 나무 그늘과 보드라운 흙길 덕분에 가벼운 트레킹 코스로 각광받는다. 성벽길을 따라 파노라마처럼 이어지는 강화도의 전망도 압권이다.

★ **하룻밤 정도는 캠핑을.** 해안을 따라 수많은 펜션이 자리하고 있어 숙소를 선택하는 일은 어렵지 않다. 하지만 동막해변이나 석모도에서의 캠핑은 펜션에서 숙박하는 것 이상의 가치를 안겨준다. 노을의 실루엣과 찰박거리는 파도소리, 그리고 하늘을 뒤덮는 별빛은 텐트 속에서 감상해야 제맛이다.

★ **시간 여유가 있다면 강화읍도 여행해보자.** 강화도의 중심가인 강화읍내에도 고려궁지와 최초의 한옥 성당인 강화성당, 그리고 강화풍물시장 등 돌아볼 곳이 많다. 한나절 정도면 모두 돌아볼 수 있으니 부담 없이 둘러보도록 하자.

옥토끼우주센터

허브파크

전등사

강화도 속 우주 공간
옥토끼우주센터

여행을 다니다보면 의아한 공간이나 풍경을 맞닥뜨릴 때가 있다. 모던한 카페 거리 한편에 자리한 포장마차가 그러하고 아무도 살지 않을 것 같은 깊은 산자락의 현대식 호텔이 그러하다. 옥토끼 우주센터 역시 이처럼 느닷없이 등장하는 특별한 여행지다. 버스를 타고 논밭이 펼쳐진 강화도의 시골길을 달리다 마주한 우주기지는 단번에 호기심을 끌어당긴다. "대체 이게 왜 여기 있지?"라는 의문도 잠시, 2천여 평의 실내 우주과학관과 1만6000여 평의 야외 테마 공원은 그야말로 신세계를 보여준다.

우주과학관에서는 중력가속도체험기, 우주엘리베이터, 미래도시기차 등 체험 기구를 직접 타볼 수 있으며, 태양계여행, 우주개발의 역사, 우주생활, 우주왕복선, 화성탐사관, 대한민국소유즈관 등의 전시를 관람할 수 있다. 사실 어린이들의 체험 학습을 위해 만들어진 것들이 대부분이긴 하지만, 어른에게도 전혀 부족함이 없다. 우주라는 미지의 공간에 대한 환상은 애나 어른이나 매한가지일 테니 말이다.

우주과학관 밖으로는 이색적인 테마 공원이 펼쳐진다. 특히 마징가Z와 태권V가 지키고 서 있는 로봇공원은 어디서도 볼 수 없는 독특한 공간이다. 콜롬비아우주왕복선을 향해 물대포를 쏘아볼 수 있는 물대포공원이나 살아 있는 공룡의 숲도 인기 만점. 이렇듯 체험과 놀이가 집합된 옥토끼우주센터는 강화도의 진정한 핫플레이스다.

알고 가면 더 좋다

강화시외버스터미널에서 온수리 방면 군내버스를 타고 옥토끼우주센터에서 내리거나 터미널 건너편 버스정류장에서 700번을 타고 '옥골'에서 내리면 된다. 버스는 약 40분 간격으로 있다.

모든 시설을 체험·관람하려면 생각보다 시간이 꽤 걸린다. 최소 3시간 이상 머물 것을 예상하고 여행 스케줄을 잡아야 한다.

전시장 곳곳에서 해설을 들을 수 있으니, 궁금한 부분이 있다면 언제든 질문할 것.

여름에는 수영을, 겨울에는 눈썰매를 즐길 수 있고, 봄과 가을에는 물놀이장에서 보트를 탈 수도 있다. 전시관 4층에서 별자리 목걸이 만들기 체험도 해볼 것.

500여 점의 우주 전시물과 3D 영상관 관람, 우주 체험을 비롯해 움직이는 공룡의 숲, 로봇공원, 물대포공원, 엔젤가든, 사계절 썰매장, 물놀이장까지 입장권 하나로 모두 이용 가능하다.

무료주차장, 카페테리아, 레스토랑, 스낵바, 수유실, 의무실 등 편의시설이 잘 갖춰져 있어 마음 편히 놀다 갈 수 있다.

인천 주민 추천 ★★★★☆

"가족 단위로도 좋고 연인끼리 와도 좋아요. 예쁜 야외 공원에는 피크닉 존이 따로 마련되어 있으니, 도시락을 준비해 소풍을 즐겨보는 것도 좋고요."

- **주소** 인천광역시 강화군 불은면 강화동로 403
- **입장시간** 평일 9:30~18:00,
  토 · 일 · 공휴일 9:30~19:00
- **입장료** 성인 1만3000원, 소인 1만5000원
- **평균 소요시간** 4시간
- **문의** 032-937-6917~9,
  www.oktokki.com

들꽃처럼 은은하고 아름다운
전등사

강화도가 인천의 뒷마당이라면, 전등사는 뒷마당 한가운데 핀 들꽃이다. 마당을 환히 밝히는 꽃만큼 전등사는 수수한 아름다움을 간직하고 있다. 그냥 반짝하고 예쁜 사찰이 아니라, 오래오래 피고 지기를 반복한 제비꽃처럼 그윽한 울림과 향기가 묻어난다.
정족산의 울창한 나무숲을 지나 전등사로 들어서는 길, 바람을 인수천만 초록 잎의 흔들림이 마음을 간질인다. 제아무리 뻣뻣한 감성을 지닌 이라도 이 산뜻한 간질거림에 웃지 않을 수 없으리.
울창한 숲길 너머 대조루에 닿으면 아담한 대웅전이 시야에 들어온다. 깔끔하게 정돈한 숲 속의 암자처럼 옹골진 모습에 깊은 세월이 담겨 있다. 빛바랜 처마와 보머리(기둥을 뚫고 나온 대들보 끝부분)가 사찰의 풍파를 대변한다. 대웅전 왼쪽으로는 대웅전을 똑 닮은 약사전이 세워져 있다. 너른 앞마당에는 600년에 달하는 은행나무가 그늘을 드리우며 전등사에 짙은 명암을 덧칠한다. 오가는 여행객과 불자의 불심도 사찰을 곱게 장식한다. 이들이 그루터기에 쌓아올린 돌탑이나 동자승 인형은 전등사에 소박한 멋을 더하고, 항아리에 띄운 연꽃 행렬은 한 편 시를 읊조리듯 마음을 정돈해준다. 웅장한 멋이나 거창한 형식은 없지만, 사찰 내 요소 하나하나가 가슴을 두드린다. 만약 전등사가 아니었더라면, 강화도는 조금 덜 아름다웠을 것이다. 조물주가 꽃을 피우듯, 역사는 강화도에 전등사를 심어두었다.

알고 가면 더 좋다

인천종합터미널에서 700번 버스를 타고 전등사 앞에 하차하면 된다. 강화시외버스터미널에서는 51번 버스나 순환버스 2번, 3번을 타면 된다.

'전등傳燈'은 '등불을 전한다'는 의미로 '등'은 부처의 불법을 뜻한다. 즉 불법을 세상에 전하는 사찰이란 뜻이다.

전등사는 삼랑성(정족산성)으로 둘러싸여 있다. 자연활석으로 축조된 이 성은 길이 3킬로미터에 달한다. 단군의 세 아들이 쌓았다는 전설이 전해지며, 동서남북에 4대문이 있고 성벽을 따라 둘레길이 조성되어 있다.

전등사 진입로는 둘이다. 삼랑성 동문이 전등사의 정문이고, 남문으로 진입할 수도 있다. 동문 안쪽에는 병인양요(1866년) 때 정족산성 전투를 승리로 이끈 양헌수 장군의 승전비가 세워져 있다.

전등사 무설전無說殿은 '갤러리 법당'으로도 유명하다. 입구부터 출구까지 현대 작가의 불교미술 작품을 전시하고 있다. 전통사찰의 분위기를 해치지 않으면서 세련된 전시 공간의 면모를 자랑하니 들어가보자.

우리나라에 불교가 처음으로 전래된 것이 서기 372년이고, 전등사 창건은 서기 381년(고구려 소수림왕 11년)이니, 현존하는 한국 사찰 중 가장 오랜 역사를 가진 사찰로 추정된다.

전등사를 창건한 이는 진나라에서 건너온 아도화상이다. 아도화상은 강화도를 거쳐 신라땅에 불교를 전한 것으로 알려진다. 아도화상이 강화도에 머물 때, 지금의 전등사 자리에 '진종사眞宗寺'라는 절을 지었다.

식당과 여관은 정문(동문) 쪽에 밀집되어 있고, 전등사에서 가장 유명한 '남문식당'에 가기 위해서는 남문 쪽으로 나가야 한다.

무설전

미리 듣는 전등사 이야기

절로 고개를 숙이는 대조루

전등사 경내로 들어서 가장 먼저 만나는 아담한 2층 건물이 대조루다. 전등사 대조루는 유난히 그 높이가 낮은데, 부처님을 만나기 전 경건한 마음과 예를 갖추라는 의미로 낮게 지었다고 한다.

열매를 맺지 않는 은행나무

전등사에는 오래된 은행나무 두 그루가 있다. 그 수령이 각각 500년과 600년으로 경기도 보호수로 지정되어 있다. 꽃은 피어도 열매를 맺지 않는 나무로, 그 전설 또한 유명하다. 강화도로 유배되었던 '강화도령' 철종

이 임금이 되자, 조정에서는 전등사에 은행을 20가마나 바치라고 요구했다. 관리들의 횡포를 괘씸히 여긴 추송 스님이 3일 기도를 올렸고, 그 이후 은행나무는 더 이상 열매를 맺지 않게 되었다고 전해진다.

처마 아래 벌거벗은 나부상의 전설

광해군 6년(1614년) 불에 타버린 대웅전 공사를 맡았던 도편수가 아랫마을 주모와 정분이 났다. 그러나 공사가 끝날 무렵 주모는 도편수의 돈을 들고 줄행랑을 놓았고, 도편수는 앙갚음하기 위해 그 여인을 닮은 4개의 나체 조각을 만들어 법당의 추녀를 떠받치게 했다. 그러나 자세히 보면 동편과 서편의 나부상이 조금 달라 보인다. 추녀를 받치고 있는 손 모양도 그렇고 생김새도 조금 그렇다. 나부상에 얽힌 전설의 진실은 도편수만이 알 일이다.

범상치 않은 전등사 범종

중국 송나라 때 동종을 전등사에 들여온 사연이 있다. 본래 전등사 범종은 일제 말기 군수물자 징발에 강제로 빼앗겼다. 현재 범종은 해방 후 전등사 주지스님이 부평 군기창 뒷마당에서 우연히 발견한 종이다. 전등사 범종은 아니었지만, 종을 찾기 위해 인천 항구를 뒤지고 다니던 주지 스님은 우연히 발견한 이 임자 없는 종을 필히 가져가야겠다고 결심했다. 전등사 범종보다 큰 대종으로 국내에 있는 중국 종 중 가장 우수한 것으로 꼽힌다.

소원을 이뤄주는 윤장대

윤장대輪藏臺는 석등처럼 생긴 목각 공예품으로 그 안에 불경을 보관한다. 손잡이를 잡고 연자방아 돌리듯 돌리면 경전을 읽는 효과가 있고 소원이 성취된다고 전해진다. 이 윤장대에는 부처님 말씀이 세상에 퍼지길 바라는 기도와 우리나라의 지세를 고르게 해달라는 염원이 담겨 있다고 한다.

정족산사고

전등사 서쪽에 있는 건물로 조선시대의 정부 문서와 실록을 보관하던 곳이다. 병인양요 때까지 조선왕조실록을 보관했다. 1653년(효종 4년)에 마니산사고에 화재가 일어나 이를 대체할 사고로 건립되었다. 관리는 수호사찰인 전등사에서 맡았다.

인천 주민 추천 ★★★★★

"전등사를 둘러볼 때 구석구석 자세히 들여다보세요. 나부상 이야기, 은행나무 전설 등 곳곳에 사연이 얽혀 있답니다. 그 사연들이 전등사를 더욱 흥미로운 사찰로 만들어주죠."

- **주소** 인천광역시 강화군 길상면 전등사로 37-41
- **입장시간** 7:00~18:30
- **입장료** 3000원
- **평균 소요시간** 2시간
- **문의** 032-937-0125

정족산성

통통배가 어울리는 참한 바닷가
동막해변

동해의 속 시원한 파도나 남해의 끝없는 수평선은 없다. 대신 정겨운 섬 봉우리가 널려 있고, 싱싱한 저녁노을이 펼쳐 있다. 크지는 않지만, 실속 있는 해변이랄까.

바다와 갯벌, 모래사장과 솔밭이 어우러진 이곳은 서해의 매력을 종합적으로 느낄 수 있는 곳이다. 물이 빠질 때 드러나는 갯벌은 직선거리로만 4킬로미터. 밀물 때는 해수욕장이지만, 썰물 때에는 광활한 갯벌 체험의 장이 된다. 특히 동막해수욕장이 자리한 강화 남단 해변은 아마존강 유역, 북해연안과 더불어 세계 5대 갯벌 중 하나로 꼽히는 곳이다. 해변 뒤쪽으로는 캠핑이 가능한 솔밭이 펼쳐져 있고, 솔밭 뒤로는 마니산 자락이 펜션 단지를 두르고 있다. 높은 산자락이 뒤를 감싸고 있어서인지 보통의 해수욕장보다 아늑한 느낌이 강하다.

무엇보다 동막해변의 백미는 분오리돈대. 해변 왼쪽 끝으로 걸어가면 외적의 침입이나 척후 활동을 관찰하고 방어하던 분오리돈대에 오를 수 있다. 해안으로 돌출된 산 능선의 끝부분에 위치해 해변을 조망하기에 그만이다. 분오리돈대의 오른편으로는 동막해변이 왼편으로는 분오리포구가 각각의 풍경을 완성한다. 수심이 낮은 관계로 해양 스포츠를 즐길 수 없어 아쉽지만, 감상용으로는 적합한 해변이다. 잔잔한 수면 역시 유람선보다는 통통배가 어울린다.

알고 가면 더 좋다

강화시외버스터미널에서 동막리행 군내버스를 타면 된다. 순환 버스 2번, 3번, 4번 모두 동막해변을 지나지만, 3번이 가장 빠르다.

길이 200미터의 해변에는 탈의장 2곳, 샤워장 2곳, 급수대 2곳이 있다. 해변 뒤편의 사설 탈의실이나 샤워장을 이용할 수도 있다.

솔밭에는 미니 풀장이 있다. 소나무 그늘 아래 바다를 배경으로 물놀이하는 재미가 쏠쏠하다. 요금은 2시간에 5000원.

동막해변 주위로 깔끔한 펜션 단지와 먹거리촌이 밀집되어 있다. 편의점에서는 수영복부터 슬리퍼까지 해변 용품을 전부 판매한다. 그야말로 몸만 와도 다 해결되는 곳이다.

불과 몇 해 전까지만 해도 갯벌에서 조개나 망둥어를 마음껏 잡을 수 있었다. 하지만 최근 어종이 사라질 위기에 처한 상태이니 갯벌 생물들을 만났다면 가급적 관찰만 하자.

분오리돈대 옆에 위치한 분오리 포구에서는 직접 잡아올린 싱싱한 해산물을 구입할 수 있다. 값비싼 횟집보다 실속 있는 가격으로 푸짐하게 먹을 수 있다.

인천 주민 추천 ★★★★☆

"저녁을 지나 밤이 오면, 해변은 또 한 번 변신합니다. 쏟아지는 별빛과 펜션 단지의 불빛이 어우러져 독특한 분위기를 연출하죠. 별이 쏟아지는 해변은 동막이 제맛입니다."

- **주소** 인천광역시 강화군 화도면 해안남로 1481
- **입장시간** 7:00~18:00
- **입장료** 없음
- **평균 소요시간** 머무르는 만큼
- **문의** 032-937-4445

분오리돈대

노을이 연주하는 관현악
장화리 낙조마을

노을을 음악에 비유해보자. 감성이 고조되는 시간, 하늘이 그려낼 수 있는 색감 중 가장 진한 색으로 가슴을 흔들어놓는 노을은 분명 음악을 닮았다. 퇴근길 도심 빌딩 사이로 갈래갈래 흩어지는 노을은 난해한 재즈를 닮았고 가난한 골목 슬레이트 지붕 위를 뒤덮는 노을은 서글픈 기타 연주 같기도 하다. 황금빛 논을 쓸고 지나는 노을은 서정적인 가곡의 한 구절이다. 푸른 하늘 아래 잿빛 갯벌을 포개놓은 서쪽 바다에서 노을은 유연하면서 웅장하고 경쾌하기도 한 클래식이 된다.

강화도 장화리의 노을은 그중에서도 오케스트라의 음색을 물씬 풍겨낸다. 태양이 발갛게 달아오르기 시작할 무렵 플루트의 말랑한 멜로디가 밀려온다. 붉은빛이 바다를 넘어 갯벌에 다다를 즈음이면 트럼펫이 세상을 울리기 시작한다. 붉어지고 붉어지다 마침내 황금빛 길목을 길게 내려놓는 시간, 바이올린이 독주를 한다. 조금 더 멀리 시선을 기울이면, 산등성이 너머 피아노 연주가 들려오는 듯도 하다. 노을 앞을 서성이는 모두가 모차르트가 되고 라흐마니노프가 되는 순간. 노을이 낮아지는 속도를 좇아 그리움도 서러움도 수평선 아래로 사그라진다. 너무 거창한 비유다 싶겠지만, 장화리의 노을 아래서 감동을 맛본 사람은 이해할 수 있을 것이다. 장화리 낙조마을에는 매일 저녁 오케스트라가 찾아온다.

알고 가면 더 좋다

강화시외버스터미널에서 순환버스 2번, 3번, 4번을 타고 장화리학생수련원에서 하차하면 된다.

장화리 낙조마을에는 예쁜 펜션이 많다. 대부분 낙조를 조망할 수 있는 위치에 있으니 이곳에서 짐을 풀고 낙조를 즐기며 하루를 마무리하자. 단, 펜션의 수에 비해 식당은 많지가 않다.

장화리는 출사지로 인기가 높다. 특히 마을 제방 위에서 보는 낙조가 가장 아름다워 평소에도 탁 트인 노을 풍경을 담아내려는 카메라가 길게 늘어서 있다.

낙조 풍경으로는 국내에서도 손꼽는 곳이지만, 해안에는 공용 화장실 하나가 전부일 정도로 편의시설은 부족한 편이다. 방문 전 편의점에 들려 따뜻한 커피 정도 챙겨오도록 하자.

구름이나 안개가 없는 날에 방문하면 수평선과 커다란 태양이 맞닿은 오메가(Ω) 형상을 구경할 수 있다. 하지만 워낙 짙은 노을이라 안개 낀 날도 충분히 아름다운 노을을 감상할 수 있으니 크게 우려할 필요 없다.

인천 주민 추천 ★★★★☆

"황금빛으로 반짝거리는 노을 풍경도 그만이지만, 마을도 한 바퀴 둘러보세요. 전형적인 시골 경치를 간직한 한적한 마을 풍경도 노을 못지않게 아름다우니까요."

- **주소** 인천광역시 강화군 화도면 해안남로 2463
- **입장시간(낙조시간)** 하절기 19:00~19:30, 동절기 17:00~18:00
- **입장료** 없음
- **평균 소요시간** 머무르는 만큼
- **문의** 032-937-5518

| 여기도 한번 가보세요 |

탁 트인 풍경, 꽉 찬 감동

석모도

도시 생활이 끔찍하도록 버거울 때가 종종 있다. 제멋대로 솟아오른 빌딩들, 소통 불능의 사람들, 비명 같은 경적 소리, 그리고 자꾸 무너지는 자존감. 이 모든 것들이 아침부터 저녁까지 공격할 때, 우리는 도시에서 달아나고만 싶다. 지구 반대편의 어느 시골 마을로 훌쩍 사라져버리고 싶기도 하지만, 그렇게 달아나버릴 시간이나 돈, 용기가 없다.

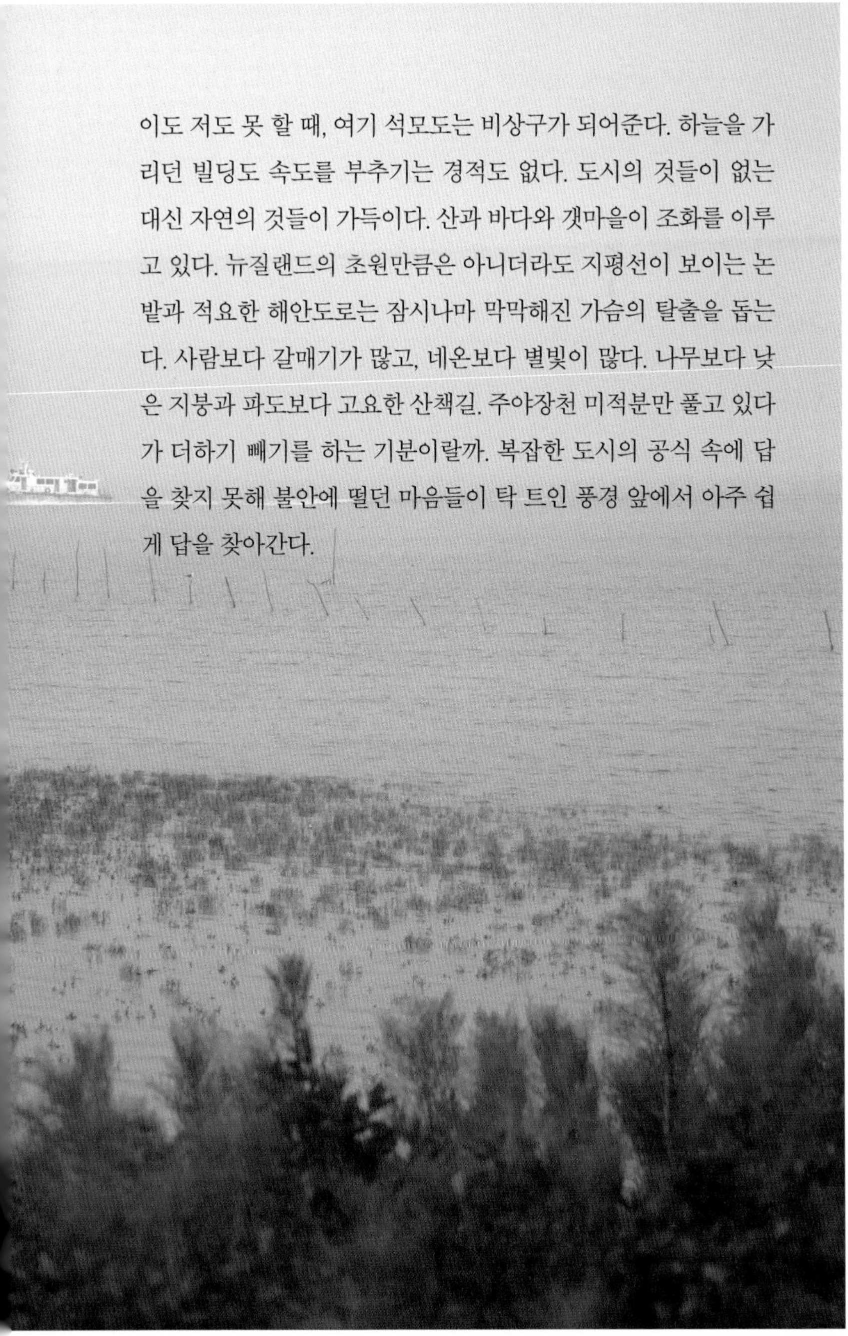

이도 저도 못 할 때, 여기 석모도는 비상구가 되어준다. 하늘을 가리던 빌딩도 속도를 부추기는 경적도 없다. 도시의 것들이 없는 대신 자연의 것들이 가득이다. 산과 바다와 갯마을이 조화를 이루고 있다. 뉴질랜드의 초원만큼은 아니더라도 지평선이 보이는 논밭과 적요한 해안도로는 잠시나마 막막해진 가슴의 탈출을 돕는다. 사람보다 갈매기가 많고, 네온보다 별빛이 많다. 나무보다 낮은 지붕과 파도보다 고요한 산책길. 주야장천 미적분만 풀고 있다가 더하기 빼기를 하는 기분이랄까. 복잡한 도시의 공식 속에 답을 찾지 못해 불안에 떨던 마음들이 탁 트인 풍경 앞에서 아주 쉽게 답을 찾아간다.

석모도 설렁설렁 둘러보기

아무것도 없는 듯, 아무도 없는 듯 석모도의 호젓한 길목 위에서 문득 외롭기도 하겠지만, 다행히 석모도는 여행객이 심심치 않도록 중간중간 볼거리를 내어놓는다. 텅 빈 풍경을 몰래몰래 꽉 채우고 있는 석모도 속 여행지. 도시의 조바심 따위는 바다에 던져 버리고 급하지 않게, 천천히, 오직 천천히 둘러보기를.

외포리선착장~석포선착장

강화도와 석모도를 잇는 뱃길이며 석모도 여행의 시작점이다. 강화도 외포리선착장에서 석모도 석포선착장까지는 1.5킬로미터, 페리호로 10분이면 갈 수 있다. 짧게나마 서해를 유람할 기회다. 배를 타고 건널 때 뱃전으로 밀려오는 갈매기 무리의 정경은 무척이나 흥미롭다. 과자 한 봉지면 뱃길을 다 건널 때까지 수십 마리 갈매기를 거느릴 수 있다. 이른 아침이나 늦은 저녁, 선상에서 바라보는 선착장은 가장 매력적. 드문드문 반짝이는 가로등 불빛이 서정적인 분위기를 더한다. 또 선착장에는 새우젓, 밴댕이회, 쑥튀김 등 특산물을 판매하는 식당과 소규모 시장이 관광객을 유혹한다.

- **위치** 인천광역시 강화군 내가면 해안서로 883(외포리선착장)
- **문의** 032-932-6007(외포리선착장)
- **운행 시간** 7:00~21:00, 30분 간격 운행

보문사

신라 선덕여왕 4년(635년)에 창건한 사찰이다. 상봉산과 해명산 사이 낙가산에 위치한 보문사는 절터로 오르는 길부터 만만치 않다. 가파른 언덕을 10여 분 헐떡거리며 올라가야 절 마당에 닿을 수 있다. 짧은 고생 끝에 풍요로운 감동이 시작된다. 인천시기념물 제17호로 지정된 수령 600여 년의 향나무는 보문사의 터줏대감이다. 대웅전, 삼성각, 명부전이 절 마당에 운치를 더하고, 23나한을 모신 거대한 석실은 여행객의 호기심을 이끈다. 특히 길이 40미터에 달하는 천인대의 500나한은 보문사에서만 볼 수 있는 이색적인 풍경. 관음보탑을 중앙에 두고 500나한이 감싸는 형상이다. 절 마당에서 소원이 이루어지는 419개 계단을 따라 10분 정도 올라가면 눈썹바위에 조

각한 마애석불을 볼 수 있다. 이곳은 서해와 석모도의 경치를 한눈에 즐길 수 있는 훌륭한 전망대이기도 하다.

- **위치** 인천광역시 강화군 삼산면 삼산남로828번길 44
- **문의** 032-933-8271

민머루해수욕장

석모도의 일몰 감상 포인트로 유명하다. 성수기 시즌에도 여느 해변처럼 시끌벅적하지 않다. 지구가 몰래 숨겨놓은 바닷가처럼 종일 조용한 분위기를 유지한다. 관광객을 끌기 위한 편의시설도 별로 없다. 몇몇 식당과 편의점, 그리고 화장실이 전부다. 그저 백사장 위에 털썩 주저앉아 한없이 바다를 감상하기에 좋은 곳이다.

활처럼 팽팽하게 휘어진 해변은 썰물 때 바닷물을 가득 당겨놓지만, 밀물 때는 1킬로미터 밖까지 바닷물을 밀어낸다. 물 빠지면 갯벌에서 조개나 칠게, 고둥 등을 잡는 재미도 있다. 특히 갯벌의 감촉이 유난히 부드럽기로 이름난 곳이다.

- **위치** 인천 강화군 삼산면 어류정길 212번길 7-12
- **문의** 032-930-4510

용궁온천

천연 해수온천을 무료로 즐길 수 있는 곳이다. 허름한 가건물에 남탕과 여탕을 구분해 놓은 모습이 부실해 보이기도 하지만, 공짜로 해수온천을 즐길 수 있는 게 어딘가. 번듯한 온천탕은 아니지만 나름의 재미가 가득하다. 석모도에서 유일하게 시끌벅적한 곳으로, 찜질방에 놀러 온 것처럼 낯선 여행객들이 한자리에 모여 족욕을 즐기며 수다를 떤다. 달걀을 싸오면 노천 족욕탕에서 직접 삶아 먹을 수도 있다. 족욕탕 한쪽 매점에서는 비누, 때밀이수건, 치약, 칫솔 등 목욕 용품뿐만 아니라 삶은 달걀과 함께 마실 시원한 음료도 판매한다. 석모도 여행의 마지막은 용궁온천에서 묵은 때를 밀며 추억을 공유해보자.

- **위치** 인천광역시 강화군 삼산면 삼산남로604번길 6-46(매음리 499)
- **문의** 032-933-1203

석모도 둘러보기

석모도는 비교적 큰 섬에 속한다. 강화나들길을 따라 천천히 걸어서 둘러볼 수도 있지만, 순환버스를 이용하면 조금 더 편하게 여행할 수 있다. 석포선착장에 도착하면 바로 순환버스를 탈 수 있다. 배차 간격은 약 1시간이다.

| 여기도 한번 가보세요 |

강화 특산물 보고, 만지고, 즐기기

아르미애월드

이름만 들으면 언뜻 아기자기한 놀이동산을 떠올릴 수도 있겠지만, 이곳은 강화도의 토산물인 약쑥을 테마로 꾸민 소규모 테마파크다. 본래 강화농업기술센터가 있는 자리에 여행자들을 위한 다양한 체험전시 공간을 함께 꾸려놓았다. 약쑥으로 '아름다움을 추구한다'는 뜻의 아르미애월드는 우리 전래의 농경문화를 살펴볼 수 있는 농경문화관, 체험장인 동시에 식당인 약쑥웰가, 자연 그대로의 미로 공간인 온새미로공원, 그리고 원예온실과 잔디광장으로 구성된다.

방문객에게 가장 인기 높은 약쑥 비누 만들기 체험부터 천연 염색, 닥종이 만들기, 만화 부채 그리기, 역사 유물 팝업북 체험은 약쑥웰가에서 할 수 있다. 10시부터 오후 6시까지 운영되며, 체험 비용은 5000원부터 2만 원 사이다.

- **위치** 인천광역시 강화군 불은면 중앙로 742-2
  강화버스터미널에서 순환버스 3번, 4번이나 군내버스 31번, 37번, 40번, 45번 이용
- **문의** 032-930-4120, www.armiae.com
  문화놀이터 체험학교 강화섬 032-937-2019

강화 약쑥 알고 가기

강화 약쑥은 그 모양새 때문에 강화사자발쑥 또는 강화사자발 약쑥으로도 불린다. 강화도의 해풍과 해무를 맞고 자란 강화약쑥은 그윽한 박하향을 풍기며, 약쑥 중에서도 특히 약효가 높은 것으로 알려져 있다. 몸을 따뜻하게 하고 자궁을 튼튼하게 하여 생리통, 손발 저림, 냉증에 효과가 있다. 한 해 총 2~3회 수확하며, 음력 단오경인 5월 말에 수확한 쑥을 으뜸으로 꼽는다.

| 여기도 한번 가보세요 |

머리 꼭대기에 올라앉다
마니산

해발 472미터의 마니산은 민족의 정기를 담은 산으로 강화도의 지붕 역할을 하며 오랫동안 사랑받아왔다. 예로부터 '마리산'이라 불리기도 했는데, '마리'란 옛말로 머리(우두머리)를 뜻한다. 단군이 하늘에 제사를 올리기 위한 마니산 정상에 참성단을 세운 것도 그 때문이다. 1953년 이후 전국체육대회와 인천아시안게임 성화의 채화는 모두 이곳에서 이뤄졌다. 3면이 바다와 접해 있어 장곶보, 검암돈대, 미루돈대, 동막돈대, 분오리돈대, 칠오지돈대

같은 유적을 잘 볼 수 있다. 유적지가 아니더라도 마니산 특유의 아기자기한 산세도 등산객의 발길을 끄는 데 한몫한다. 매표소를 통과해 10여 분을 걸으면 참성단으로 바로 오를 수 있는 '계단로'와 능선을 타고 천천히 오르는 '단군로'가 나온다. 모두 참성단으로 이어지는 길이지만, 마니산 종주의 맛을 제대로 느끼고 싶다면 단군로를 택하자. 능선 너머 서해를 볼 수 있고, 가을에는 황금빛 벌판도 감상할 수 있다.

마니산 등산 코스

- **1코스**(4.8킬로미터, 소요시간 2시간)
  상방리 매표소–개미허리–1004돌계단로–참성단(정상)
- **2코스**(6.4킬로미터, 소요시간 3시간)
  상방리 매표소–단군로–372나무계단–참성단(정상)–바위능선–함허동천(매표소)
- **3코스**(5.3킬로미터, 소요시간 3시간)
  상방리 매표소–단군로–372나무계단–참성단(정상)–참성단중수비–바위능선–정수사(매표소)
- **4코스**(6킬로미터, 소요시간 2시간 20분)
  상방리 매표소–단군로–372나무계단–참성단(정상)–1004돌계단로–상방리 매표소

* 참성단은 오전10시부터 오후 5시까지만 출입할 수 있다.
식당이나 숙박은 상방리 매표소 인근과 함허동천에 몰려 있다.

- **위치** 인천광역시 강화군 화도면 마니산로7번길 15(상방리 매표소)
- **문의** 마니산 매표소 032-930-7068

무엇을 먹을까

전등사 남문식당

전등사를 둘러본 후 이 집에서 건강히 배를 채울 것. 각종 나물을 넣은 산채비빔밥과 두툼한 해물파전이 입맛을 당긴다. 남문식당 특유의 토속적인 분위기도 밥맛을 돋운다. 보통 손님이 많으면 소홀하기 나름인데, 이곳은 친절도 100점이다.

- **가는 길** 전등사 남문 위치
- **주소** 인천광역시 강화군 길상면 전등사로 37-11
- **문의** 032-937-1199
- **휴일** 연중무휴

일미산장숯불장어

더리미 장어마을 내 맛집으로 손꼽는 곳이다. 꽉 찬 주차장이 맛집임을 증명한다. 갯벌에서 키운 갯벌장어를 메인 메뉴로 한다. 굵직한 갯벌장어는 쫄깃하니 식감부터가 다르다. 장어 맛이 거기서 거기일 거란 편견을 깨주는 집이다.

- **가는 길** 더리미 장어마을 초입
- **주소** 인천광역시 강화군 선원면 더리미길 2
- **문의** 032-933-8585
- **휴일** 첫째, 셋째 월요일

반선

강화도에서 가장 유명한 게장집이다. 짜지 않고 싱싱한 간장게장 맛이 일품이다. 가격도 1인분에 1만5000원으로 저렴한 편. 밑반찬도 섭섭지 않게 다양하게 차려진다. 담백한 연포탕도 인기 메뉴다.

- **가는 길** 전등사 입구 교차로에서 온수사거리 방향 축산농협 뒤편
- **주소** 인천광역시 강화군 길상면 온수길 15
- **문의** 032-937-5336
- **휴일** 연중무휴

무엇을 먹을까

우리옥

1953년 문을 연 오래된 백반집이다. 식도락가이자 맛집기행으로 유명한 백파 홍성유의 『한국의 맛있는 집』에 소개되어 이름을 알리기 시작했다. 5000원짜리 한 장이면 콩비지, 순무김치, 조개젓, 호박잎쌈 등 할머니 손맛 가득한 밥상이 차려진다. 우리옥에서는 인정도 풍년이라 부족한 반찬은 얼마든지 더 준다. 병어찌개, 간장게장으로도 유명하다.

- **가는 길** 강화중앙시장에서 합일초등학교 방향 오른편 길목
- **주소** 인천 강화군 강화읍 남산길 14
- **문의** 032-934-2427
- **휴일** 연중무휴

허브파크

맛집이라기보다 멋집으로 유명하다. 식당은 물론이고, 숙박과 허브 체험이 가능한 일종의 테마 공원이다. 입구에서부터 화사하게 피어 있는 들꽃들이 마음을 사로잡는다. 곳곳에 쉴 만한 벤치와 정자를 두고, 각종 허브로 꾸민 수레 화분들이 건강한 향기를 전한다. 식사로는 허니브레드, 갈릭스틱 등 간단한 베이커리를 비롯해 훈제돼지, 훈제치킨, 갈비탕, 우동 등 여러 메뉴를 판매한다.

- **가는 길** 분오리어판장에서 1번, 4번 버스 탑승 후 산애들애 정류장 하차
- **주소** 인천광역시 강화군 화도면 해안남로 1288-12
- **문의** 010-6303-6811
- **휴일** 연중무휴

무엇을 먹을까

토가

직접 만든 토속 손두부를 맛볼 수 있는 맛집으로 예스러운 건물의 외관부터 눈길을 사로잡는다. 특히 몽글몽글한 입자가 살아 있는 순두부새우젓찌개는 인기 만점. 고춧가루를 넣지 않은 하얀 국물이 특징인데, 청양고추가 들어 있어 생각보다 칼칼하고 새우젓으로 간을 해 밋밋하지 않다.

- **가는 길** 동막해변에서 3번 버스 탑승 후 홍암보건진료소 하차
- **주소** 인천광역시 강화군 화도면 해안남로 1912
- **문의** 032-937-4482
- **휴일** 연중무휴

물레방아식당

밴댕이회무침정식과 계장정식을 추천한다. 도토리묵, 젓갈류, 장아찌류, 된장찌개, 계란찜, 샐러드, 토란 등 20개 이상의 반찬에 테이블이 좁을 지경이다. 고소한 쑥튀김과 새우튀김을 서비스로 준다. 야외 테라스에서는 석모도 앞바다를 조망하며 식사할 수 있다. 물레방아와 수많은 꽃으로 치장한 식당 외부는 쉬어가기에도 좋다.

- **가는 길** 보문사 입구
- **주소** 인천광역시 강화군 삼산면 삼산남로828번길 26
- **문의** 032-933-6677
- **휴일** 연중무휴

어디서 쉴까

죽림다원

전등사 경내에 있는 전통차 전문점이다. 관람객의 향기로운 휴식처인 죽림다원은 전등사가 자랑하는 또 하나의 유물이다. 마당의 연못과 정원은 그 어느 절의 다원보다 아름답기로 유명하다. 본래 전등사에 구성되었던 승병의 초소가 있던 자리로, 승병들은 죽림다원에 본진을 두고 전등사와 삼랑성 일대를 지켰다.

- **가는 길** 전등사 내
- **주소** 인천광역시 강화군 길상면 전등사로 37-41
- **문의** 032-937-7791
- **휴일** 연중무휴

로즈베이

유럽풍의 외관이 아름다운 카페다. 직접 만든 천연 발효빵과 쿠키가 유명하다. 유기농 식자재만을 사용해 24시간 저온 숙성 과정을 거쳐 만든 빵은 달지 않으면서 깊은 맛을 자아낸다. 뒤뜰의 바다 정원과 카페 앞 야생화 정원, 그리고 도자기 갤러리는 카페가 자랑하는 공간. 여행지로 방문해도 좋을 만큼 멋진 곳이다.

- **가는 길** 초지진 하차 후 전등사 방향으로 걸어서 10분
- **주소** 인천광역시 강화군 길상면 해안동로 112-12
- **문의** 032-937-9537
- **휴일** 화요일

어디서 쉴까

- **가는 길** 초지진 입구 삼거리에서 웨스트우드펜션 앞 작은 길을 따라 걸어서 5분
- **주소** 인천광역시 강화군 길상면 길상로 25번길 28
- **문의** 070-4193-4889
- **휴일** 연중무휴

매화마름

한적한 시골 숲길에 자리한 예쁜 카페다. 매화마름은 미나리아재비과의 수초 이름으로 그 꽃의 형상만큼이나 아기자기한 멋을 지녔다. 커피 향과 자연이 어우러진 진정한 쉼터. 특히 강화 팥을 매일 삶아 만드는 빙수를 추천한다.

숲길따라

2층에서 보는 탁 트인 전망이 일품인 카페다. 매일 로스팅한 커피를 제공하며, 원두도 판매한다. 호젓하고 예쁜 야외 정원을 따로 두고 있다. 커피 한 잔 후 카페 앞 숲길을 따라 바닷가로 산책할 수 있다.

- **가는 길** 섬안교 삼거리에서 해안남로를 따라 500미터
- **주소** 인천광역시 강화군 길상면 해안남로 309
- **문의** 032-937-2359
- **휴일** 연중무휴

도레도레

도레도레는 불어로 '금빛이 나다'는 뜻이다. 그만큼 세련되고 고급스러운 분위기를 자랑하는 곳이다. 가격은 좀 세지만, 멋진 분위기를 보면 아깝지 않다. 화이트 톤의 모던한 실내 곳곳을 고풍스러운 찻잔과 은주전자로 장식했다. 푸른 정원을 곁에 두고 분위기를 만끽하며 브런치를 즐기기에도 그만이다. 맛있는 팬케이크와 커피 그리고 에이드가 인기 있다.

- **가는 길** 간촌에서 하차 후 정류장 옆 골목으로 표지판 따라 진입
- **주소** 인천광역시 강화군 화도면 해안남로 1864-18
- **문의** 032-937-1415
- **휴일** 연중무휴

아모테

넓은 실내와 테라스에서 바다를 조망할 수 있다. 지적인 분위기가 묻어나는 고상한 인테리어가 커피 맛을 배가시킨다. 카페 2층에 펜션을 함께 운영하고 있어 하룻밤 묵어가기에도 좋다. 동막해변과 가까워 해변으로 이동하기에도 편리하다.

- **가는 길** 동막해변에서 온수리 방향으로 걸어서 7분
- **주소** 인천광역시 강화군 화도면 해안남로 1390
- **문의** 010-4304-4811
- **휴일** 연중무휴

어디서 쉴까

라메르

문을 열면 예쁜 고양이 3마리가 손님을 반긴다. 장화리 낙조 뷰포인트로도 유명하다. 해 질 무렵이면 바다를 향해 열린 큰 창을 통해 붉은 노을을 감상할 수 있다. 장화리의 낙조를 바라보며 마시는 커피의 향을 어디에 비할 수 있을까. 빙수와 와인도 준비되어 있으니 취향에 따라 선택하면 된다.

- **가는 길** 장화리학생교육원 가기 전 플로망스펜션 진입로
- **주소** 인천광역시 강화군 화도면 해안남로 2485
- **문의** 032-937-1471
- **휴일** 연중무휴

어서오시겨

강화도 로컬푸드 카페로 모과에이드, 고구마샤브레, 강화쑥찰떡빙수 등 강화에서 나는 우리농산물로 만든 메뉴를 선보인다. 위시쿠키, 맛있는 인삼 등 관광기념푸드를 개발, 제1회 대한민국 관광기념품 공모전에서 지역특성화 부문 수상을 한 바 있다. 또한, '소원을 이루는 섬'이라는 테마로 강화도의 숨겨진 여행지를 탐방하도록 유도하는 다양한 관광 콘텐츠를 개발하고 이를 여행객들과 공유하고 있다. 이곳을 강화도 여행의 베이스캠프로 추천한다.

- **가는 길** 강화읍 고려궁지 주차장 건너편
- **주소** 인천광역시 강화군 강화읍 북문길 23
- **문의** 032-932-3448
  www.helloganghwa.com
- **휴일** 매주 월요일

어디서 잘까

플로망스펜션

장화리낙조마을에서 가장 바다와 가까운 곳에 있다. 초록 잔디가 반짝이는 예쁜 마당과 워터슬라이드를 갖춘 넓은 풀장을 보유하고 있다. 객실마다 통유리 창으로 서해와 와인빛 노을을 감상할 수 있다.

- **가는 길** 화도터미널에서 픽업 요망
- **주소** 인천광역시 강화군 해안남로 2487-17
- **예약 및 문의** 032-937-8262, www.plomance.co.kr

로맨틱큐브

커플 전용 펜션으로 모던한 디자인의 독채형 복층 건물 4동으로 이루어져 있다. 객실마다 고급 스파와 전용 발코니를 갖추고 있다. 1층은 거실과 주방이, 2층은 침실과 스파 공간으로 구성되어 있으며, 신청자에 한해 무료 조식을 제공한다. 로맨틱큐브 전용 카페에서는 닌텐도Wii와 보드게임, 폴라로이드 카메라 등을 대여할 수 있다. 개인적이고 조용한 휴식을 취하기에 최고다.

- **가는 길** 가천대학교강화캠퍼스 옆, 누리펜션타운 건너편 언덕
- **주소** 인천광역시 강화군 길상면 해안남로 664-1
- **예약 및 문의** 010-4678-2242, www.romanticcube.co.kr

🏠 어디서 잘까

호텔에버리치

강화도 남산 자락에 자리한 럭셔리 호텔로 한눈에 강화도를 내려다볼 수 있으며, 남산이 전하는 자연 그대로의 정취와 고요를 즐길 수 있다. 특히 호텔 내 라벤더 정원은 호텔의 분위기를 더욱 세련되게 빛내준다. 국내 최대 라벤더 정원을 조성하기 위하여 강

원도 태백에서 2만5000주의 잉글리시 라벤더를 공수해 호텔 부지에서 재배하고 있다. 또, 친환경(무농약) 방식으로 직접 키운 버섯, 베이비채소, 상추, 케일, 양배추, 향나물 등 수십 가지 식자재를 보나베띠 레스토랑과 시즌스온 카페에 제공한다. 다양한 도서와 유명 작가들의 미술 작품을 호텔 내부에 전시하는가 하면, 중앙 분수대 잔디광장에서는 정기적으로 홍대 인디밴드, 지역주민을 초청해 음악회를 열기도 한다.

- **가는 길** 남산리 입구 정류장에서 호텔 에버리치 방향으로 900미터 이동
- **주소** 인천광역시 강화군 강화읍 화성길50번길 43
- **예약 및 문의** 032-934-1688, www.hoteleverrich.com

아름다운사랑이머무는곳

펜션 바로 앞에 바다를 두고 있으며, 인근 동막해변에 비해 무척 한적하다. 너른 부지 위에 세워져 창문 밖 풍경에도 막힘이 없다. 특히 일출과 일몰을 모두 방 안에서 볼 수 있다는 게 큰 장점. 친절한 주인장과 깔끔한 실내 덕분에 방문객 후기는 늘 '강추'의 연속이다.

- **가는 길** 동막해수욕장을 좌측에 두고 도보로 8분
- **주소** 인천광역시 강화군 화도면 해안남로 1605
- **예약 및 문의** 032-937-2692, www.alovepension.co.kr

🏠 어디서 잘까

전등사 템플스테이

산사의 아늑함 속에 잠들며 심신의 상처를 치유해보자. 새벽예불 및 참선, 사찰예절, 스님과의 차담 등 짧지만 경건하고 깊이 있는 불도 수행을 체험해볼 수 있다. 템플스테이 기본은 1박2일을 기준으로 하며 필요시 연장가능하다. 주중에는 휴식형, 주말은 체험형으로 운영한다.

- **가는 길** 전등사 경내
- **주소** 인천광역시 강화군 길상면 전등사로 37-41
- **예약 및 문의** 032-937-0125, www.jeondeungsa.org

배꽃집 게스트하우스

평화로운 잠자리가 필요하다면 배꽃집이 적격이다. 사방으로 펼쳐진 논밭과 넓은 마당과 테라스는 배꽃집의 자랑. 직접 재배한 식재료로 만든 유기농 아침밥을 매일 맛볼 수 있는 것도 배꽃집의 장점이다. 마을과 분리된 공간이다보니 소음 피해가 적어 자유롭게 지낼 수 있다. 여행객들의 자유로운 휴식을 위해 주인장은 게스트하우스 내 규율도 세우지 않았다.

- **가는 길** 이강리교회 하차 후 역방향으로 70미터, 오른쪽 길 바람개비 따라서 진입
- **주소** 인천광역시 강화군 하점면 강화서로 966-34
- **예약 및 문의** 010-4039-1910, http://cafe.daum.net/Pear

어디서 잘까

아삭아삭순무게스트하우스

펜션으로 집중된 강화도 여행 패턴에 안타까움을 품은 청년들이 운영하는 게스트하우스로 여행자들에게 다양한 여행 공간과 정보를 소개한다. 화려하거나 아기자기한 맛은 덜하지만, 아늑한 셰어하우스의 분위기를 느낄 수 있다. 게스트하우스에서 제공하는 쿠폰(3000원)을 제시하면 박물관, 카페 등 쿠폰 가맹점에서 할인을 받을 수 있다.

- **가는 길** 강화읍 용흥궁 옆 골목, 용흥궁 횟집 뒤편
- **주소** 인천광역시 강화군 강화읍 동문안길21번길 22-1
- **예약 및 문의** 032-932-8779

바다향기펜션

석모도에서 가장 한적하고 아름다운 풍경을 자랑한다. 펜션 앞으로 전용 갯벌이 펼쳐져 있다. 낚시와 갯벌 체험이 가능하며, 해변 둑길을 따라 호젓한 산책을 즐길 수 있다. 1회에 한 해 석모도 내 여행지로 픽업및 센딩 서비스를 제공한다. 고급스러운 분위기의 모던한 펜션은 아니지만, 정감 넘치는 주인장 내외 덕분에 편안하고 기분 좋은 섬을 누릴 수 있는 곳이다.

- **가는 길** 예약 시 픽업 신청 요망(12명까지 가능)
- **주소** 인천광역시 강화군 삼산면 어류정길 177번길 6
- **예약 및 문의** 032-934-0743, www.smdbadahgi.com

무지개펜션

석모도 유일의 독립형 펜션이다. 특히 일곱 무지갯빛 건물은 멀리서도 눈에 띈다. 아름다운 조경은 물론 펜션 뒤쪽으로 상주산을 두고 있어 상쾌하고 아늑한 분위기 속에 휴식을 취할 수 있다. 연인이나 가족은 물론 혼자서도 머물기 좋다.

- **가는 길** 석포선착장에 도착하면 상리행 마을버스(배차 간격 2시간) 타고 종점 하차
- **주소** 인천광역시 강화군 삼산면 상리길 336
- **예약 및 문의** 010-4316-0402, www.moojigae.kr

바다 위의 인천을 노닐다

04 서해권

바다 위의 섬을 노니는 코스

- 영종도
- 신도·시도·모도
- 무의도
- 백령도

여행 난이도 ★★☆☆☆

영종도를 뺀 나머지 섬은 배를 타야 갈 수 있다. 서로 연결된 항로가 없어 한꺼번에 돌아볼 수 없는 불편함이 있지만, 각각의 섬 안에서는 순환버스가 있어 여행이 쉽다.

언제 가면 좋을까

봄부터 가을까지. 을왕리해변, 마시안해변 등 휴가지로 인기 있는 영종도와 섬 트레킹, 해변 레포츠를 즐기기 좋은 무의도는 한여름에, 자전거로 산뜻한 풍경을 둘러보기 좋은 신도·시도·모도는 봄과 가을이 좋다. 백령도 여행 역시 추위와 더위가 한풀 꺾인 봄과 가을이 적기다.

본격적인 여행에 앞서

1. 이 장에 소개된 모든 섬을 하루 안에 둘러볼 수는 없다. 섬마다 하루씩 시간을 배분하는 게 가장 효율적이다. 특히 백령도는 거리가 상당하고 돌아오는 배편도 일찍 끊기기 때문에 꼼꼼하게 둘러보려면 족히 이틀은 잡아야 한다.

2. 인천종합터미널에서 303번 버스를 타거나 공항철도를 이용하면 환승 없이 영종도(인천국제공항)로 갈 수 있다. 신도·시도·모도는 영종도 삼목선착장에서 1시간 간격으로 운행하는 여객선을 이용하면 되고, 무의도 역시 영종도 잠진도선착장에서 30분 간격으로 운행하는 여객선을 타면 갈 수 있다. 삼목선착장은 인천국제공항에서 202번과 710-1번을, 잠진도선착장은 222번을 타면 된다. 백령도는 영종도가 아닌 인천 연안부두에서 오전 8시 50분과 오후 1시(1일 2회)에 출발하는 쾌속선을 이용하면 된다.

3. 신도·시도·모도나 무의도는 배를 타는 시간이 10분 이내로 짧지만, 백령도는 4시간 넘게 걸린다. 멀미가 걱정된다면 미리 멀미약을 먹자. 백령도의 경우 뱃삯만 적지 않은 비용이 들기에 여행 경비를 넉넉하게 챙겨야 한다.

4. 섬이긴 하지만 대부분 서해를 대표하는 관광 명소답게 숙박시설과 편의시설을 잘 갖추고 있다. 성수기에는 객실이 부족할 수도 있으니 예약은 필수다.

이것만은 꼭

★ **인천국제공항에서 무료 콘서트를 즐기자.** 인천국제공항 여객터미널 1층 중앙에 위치한 밀레니엄홀에서는 매일 장르를 넘나드는 음악 공연이 펼쳐진다. 보통 오후 2시에서 5시 30분 사이에 대부분의 공연이 있으니 시간만 맞춰 가면 멋진 공연을 무료로 즐길 수 있다.

★ **오성산 정상에서 셀카를.** 오성산 정상에는 인천국제공항을 한눈에 내려다볼 수 있는 전망대가 있다. 노을을 이고 힘차게 이륙하는 비행기를 배경으로 셀카를 한 장 찍는 것만으로도 마음은 이미 남태평양을 누비는 중이다.

★ **무의도에서 훌쩍 날아보자.** 하나개해변의 집라인(zip line) 스포츠 '씨스카이월드'를 즐겨볼 것. 25미터의 높이에서 활강하는 그 짜릿한 맛은 웬만한 번지점프 그 이상이다. 예쁜 하나개해변을 한눈에 내려다볼 수 있는 유일한 공간이기도 하다.

★ **배낚시로 자연산 손맛을 느껴보자.** 방파제 낚시도 좋고 갯바위 낚시도 좋지만, 바다 한가운데로 나아가야 진짜 열정적인 낚시를 만날 수 있다. 1시간에 3~4마리는 기본으로 달려든다. 자연산 회를 바 위에서 즉석으로 떠먹을 수 있으니 금상첨화다. 영종도, 무의도 일대에 배낚시를 운행하는 업체가 많다.

★ **시도·모도에서는 소라를.** 시도·모도는 소라가 많기로 유명하다. 해변마다 여행자들이 허리를 숙인 채 소라를 줍느라 정신이 없다. 어업면허장을 제외한 구역에서 소라 채집이 가능하다. 어업면허장 구역은 표지판으로 구분하고 있다.

모도 배미꾸미조각공원

백령도 풍경

바다와 하늘 사이 베이스캠프
영종도

알다시피 인천은 서해라는 훌륭한 자원을 품고 성장해온 도시다. 서해가 여행 자원으로서 가치를 빛낼 수 있는 것은 수많은 아름다운 섬을 품고 있기 때문. 영종도는 이 섬들로 나아가는 출발점이 되어준다. 더군다나 인천국제공항까지 있어 서해를 넘어 세계로 날아오르는 거점이 되기도 한다. 한마디로 바닷길과 하늘길이 모이는 베이스캠프라고 할 수 있겠다.

영종도는 서해의 베이스캠프답게 여행에 도움이 될 만한 각종 편의시설도 한 가득이다. 인천국제공항 인근으로 신도시가 조성되어 완전한 도시 시스템을 갖추고 있는데, 식당부터 숙소, 교통까지 부족함이 없다. 특히 교통의 경우 일반 버스를 비롯해 공항 셔틀버스, 그리고 지하철(공항철도)이 다닌다. 여기에 시범 운행 중인 자기부상열차까지 더해지면 최첨단 교통망을 완성하게 되는 셈이다.

영종도는 서해의 휴양지 역할도 톡톡히 해낸다. 정확히 말하면 영종도와 붙어 있는 용유도의 해변들이지만, 오랫동안 여행자의 사랑을 받아온 을왕리해변을 위시로 왕산해변, 마시안해변 등 파도에 몸 부대낄 해변들이 곳곳에서 여행자들을 유혹하고 있다. 밀물 때에도 수위가 낮고 파도가 잔잔해 물놀이를 즐기기에 부담이 없고, 모든 해변에서 서해의 아름다운 낙조를 감상할 수 있다.

알고 가면 더 좋다

영종도 코스

인천국제공항

여행의 시작점이며 도착지인 인천국제공항은 그 자체만으로도 훌륭한 여행지가 된다. 밀레니엄홀(여객터미널 1층 중앙)에서는 클래식부터 가요까지 각종 콘서트 무대가 펼쳐지고, 한국 전통의 미를 살려 꾸민 문화의거리(여객터미널 4층 중앙)에서는 수시로 국악공연을 선보인다. 사계절 스케이트를 즐길 수 있는 아이스포

레스트(교통센터 1층)는 공항의 명물. 산책이 필요하다면 한적한 야생화정원(교통센터 양 끝 외부)을 거닐어보는 것도 좋다. 스파에 병원, 세계 음식을 맛볼 수 있는 식당들, 심지어 조용히 기도할 종교실까지 갖추고 있다. 여행을 꿈꾸는 공간인 동시에 훌륭한 여행지이기도 한 인천국제공항은 영종도의 필수 여행 코스다.

인천국제공항전망대

인천국제공항에는 떠나는 자와 돌아오는 자만 있는 게 아니다. 떠나고 싶은 자도 이곳을 찾는다. 유럽이든 오세아니아든 아프리카든 마음속으로 수도 없이 '출발'을 외쳤건만, 떠날 수 없는 '여행소망족'에게 인천국제공항의 공항전망대는 한 가닥 위로를 전하는 공간이다. 인천공항 인근 오성산에 자리한 인천공항전망대는 활주로를 달려 하늘로 날아오르는 여객기의 모습을 한눈에 감상할 수 있는 곳이다. 거대한 비행기들이 독수리처럼 용맹하게 날아오르는 모습에 당장 떠날 수는 없지만, 훗날의 여행을 꿈꿔볼 수 있을 테다.

을왕리해변

을왕리해변은 인천 해수욕장의 대명사 격이다. 대단한 절경이나 특별한 놀거리가 있는 곳은 아니지만, 왠지 모르게 마음이 편해지는 곳이다. 해변 뒤로 병풍처럼 둘러싼 숙박 단지와 식당 골목, 그리고 밤늦도록 쏘아 올리는 폭죽. 깔끔하거나 고요하진 않지만 수런거리는 맛이 있고, 수런거림 속에 깨알 같은 추억을 만들 수 있어 좋다. 밀물이 가득한 시간에는 방파제에 앉아 낚싯대를 드리우고 벌렁 누워보자. 낮고 너른 바다는 마당이요, 방파제는 훌륭한 평상이 되어줄 것이다.

마시안해변

마시안해변은 물놀이보다는 갯벌 체험장으로 유명하다. 썰물 때면 몇 킬로미터까지 밀려나는 바닷물 앞으로 거대한 갯벌이 펼쳐진다. 늦은 오후 한줌 두줌 조개를 줍다보면 어깨 너머로 노을이 쏟아지기 시작하는데, 갯벌을 감싸는 노을 빛깔이 또 예술이다. 한참을 넋 놓고 바라봐도 질리지 않을 노을빛. 이 노을을 감상하기 위해 이곳을 찾는 이들도 많다. 노을이 걷히면 깜박이는 별빛이 하늘을 촘촘히 채운다. 노을에서 별빛까지 마시안해변의 풍경은 그림의 연속이다. 해변 식당에 조개구이 한 상 차려놓고 소주라도 한잔 기울이면, 마음은 바다처럼 넓어지니 용서 못할 세상도 없겠다.

을왕리해변

을왕리

마시안해변

인천 주민 추천 ★★★★☆

"영종도는 꼭 유명한 해변이 아니더라도 어느 곳에서든 탁 트인 풍경을 볼 수 있습니다. 특히 영종도와 용유도를 메우기 위해 만든 방조제 길에서는 멀리 인천대교와 송도국제도시까지 보인답니다."

인천공항관광안내소
- **주소** 인천광역시 중구 공항로 271 인천국제공항역
- **입장시간** 인천국제공항 전망대 10:00~17:00
- **입장료** 없음
- **평균 소요시간** 머무르는 만큼
- **문의** 032-743-2602

을왕리해변
- **주소** 인천광역시 중구 용유서로302번길 16-15
- **입장시간** 언제든
- **입장료** 없음
- **평균 소요시간** 머무르는 만큼
- **문의** 032-746-4112

마시안해변
- **주소** 인천광역시 중구 마시란로 118
- **입장시간** 언제든
- **입장료** 갯벌체험장 5000원
- **평균 소요시간** 머무르는 만큼
- **문의** 032-746-3093, www.masian.co.kr

3형제 섬, 따로 또 같이
신도·시도·모도

신도는 영종도 삼목선착장에서 10분이면 닿는 아담하고 조용한 섬마을이다. 시도와 모도를 나란히 두고 있어 3형제 섬으로 불리며, 연륙교로 연결되어 있다. 사실 유명한 여행지가 아니라 순박하고 다정한 경치를 천천히 즐기길 원하는 여행자에게 어울리는 곳이다. 사방으로 펼쳐진 논밭이나 좁은 시골길을 뒤뚱뒤뚱 달리는 마을버스, 네모반듯한 염전이나 기우뚱 정박해놓은 폐선들, 그리고 그 위로 갑작스레 튀어오르는 메뚜기와 개구리가 정겹다.

선착장에서 대기하고 있는 초록색 버스는 평균 1시간 간격으로 출발하는 순환버스로 신도의 푸른벗말저수지, 시도의 수기해변, 모도의 배미꾸미조각공원 등을 거친다. 이 버스를 타면 더 빠르고 편리하게 목적지로 이동할 수 있겠지만, 섬을 둘러본 대부분 여행자들은 자전거 라이딩을 적극 추천한다.

자전거로 3개의 섬을 천천히 둘러보는 데 한나절이면 충분한 데다, 섬 구석구석 숨은 풍경들을 가까이에서 찾아볼 수 있기 때문. 자전거 도로가 없어 아스팔트가 깔린 차도를 달려야 하는 위험부담이 있긴 하지만, 다행히 차가 많지 않아 조심하면 문제가 될 건 없겠다. 자전거는 선착장 인근 식당이나 펜션에서 2000원 정도면 빌릴 수 있다. 마음에 드는 자전거를 골라 자신만의 여행길을 만들어보자.

알고 가면 더 좋다

3형제 섬 코스

신도선착장 — 자전거로 30분 — 신도 푸른벗말 저수지 — 자전거로 25분 — 시도 수기해변 — 자전거로 25분 — 모도 배미꾸미 조각공원

★ 신도행 여객선은 영종도 삼목선착장에서 1시간 간격(7:10~19:30)으로 운행되며, 신도에서 삼목선착장으로 배편도 마찬가지로 1시간 간격(7:30~20:40) 운행된다. 섬 여행은 신도-시도-모도 3개의 섬을 순환하는 초록버스(평균 1시간 간격 운행)를 이용하거나 자전거를 빌려 타고 돌아보면 된다.

신도 푸른벗말저수지

신도 푸른벗말저수지

여름이면 연잎이 무성하고 가을이면 갈대숲이 일렁이는 곳으로 아담한 섬마을에서 쉬어가기에 충분하다. 저수지 주변에는 산책할 수 있는 나무 데크가 깔려 있고, 소박한 야생화 단지가 꾸려 있다. 저수지를 내려다볼 수 있는 위치에 작은 정자가 마련돼 있어 한가로이 게으름을 피우기에도 그만이다. 저수지 앞쪽에는 푸른벗말체험관이 있는데 미리 예약하면 바지락 캐기, 여치집 만들기, 포도 따기, 연 만들기 등 농어촌체험을 해볼 수도 있다.

● **위치** 인천광역시 옹진군 북도면 신도로 577

시도 수기해변

텐트 캠핑족 사이에서는 꽤 이름이 알려진 해변이다. 유명한 다른 해변에 비해 한산한 분위기라 가족 단위 여행자도 많이 찾는다. 한때 〈풀하우스〉〈슬픈 연가〉 등 드라마 촬영장으로 인기를 끌기도 했다. 무엇보다 이국적인 해변 풍경은 수기해변 최고의 매력. 유난히 고운 백사장이나 반듯한 원목 방갈로 덕분에 필리핀의 작은 섬에 놀러 온 기분을 느낄 수 있다. 잔잔한 파도 위에서 즐기

는 카누 체험도 압권. 찰랑찰랑 수면을 가로지르는 빨강, 파랑, 노랑 원색의 카누들이 이국적인 색감을 덧칠한다.

● **위치** 인천광역시 옹진군 북도면 시도로86번길 291-48

모도 배미꾸미조각공원

모도는 3형제 섬 중 가장 작은 섬이다. 하나로 난 길을 쭉 따라가면 여행의 종착지인 배미꾸미조각공원을 만날 수 있다. 배미꾸미란 배의 밑바닥 부분을 뜻하는 말인데, 모도의 모양이 배를 닮아 붙여진 이름이다. 김기덕 감독의 영화 〈시간〉을 촬영했던 해변으로 화려한 조형물이 해변을 채우고 있다. 조각가 이일호가 작업 공간으로 사용하면서 잔디밭에 작품을 하나둘 전시한 것이 점점

늘어나 조각공원이 되었다. 손바닥만 한 조각부터 트럭만 한 조각까지 100여 점의 작품이 전시되어 있으며, 이 수많은 작품을 바다와 함께 감상할 수 있다는 것이 매력이다. 입장료는 2000원이며, 2005년부터 작업실을 카페와 펜션으로 개조해 여행자들에게 편의를 제공하고 있다.

- **위치** 인천광역시 옹진군 북도면 모도로140번길 41

인천 주민 추천 ★★★☆☆

"트레킹을 계획하는 분이라면, 신도의 꼭대기인 구봉산에도 올라보세요. 영종도를 비롯한 서해의 섬들을 한눈에 굽어볼 수 있습니다. 인천 앞바다의 매력을 제대로 느낄 수 있을 겁니다."

- **주소** 인천광역시 옹진군 북도면 신도로5
- **입장시간** 7:10~19:30 (영종도~신도 배 시간)
- **입장료** 왕복 뱃삯 4000원
- **평균 소요시간** 머무르는 만큼
- **문의** 옹진군 북도면사무소 032-899-3410

바다 위를 거닐다
무의도

산세가 험하지 않고 사방이 탁 트인 바다 풍경을 볼 수 있는 무의도는 트레킹 코스로 각광받는 섬이다. 수도권에서 가까워 당일치기 여행이 가능하며, 영종도에서도 뱃머리만 돌리면 닿을 만큼 접근성이 뛰어나다.

무의도는 순환버스를 이용하면 섬을 한번에 둘러볼 수 있지만, 많은 여행자가 도보 트레킹으로 섬을 둘러본다. 전체적으로 넓은 평지가 없고 산이 많은 지형이다보니, 등산객들에게 더 인기가 많다. 하지만 등산로도 가파르지 않아 누구나 쉽게 오를 수 있는 수준이다.

산행 코스도 단순하다. 북쪽 큰무리선착장을 시작점으로 하면 국사봉~호룡곡산 코스가 되고, 남쪽 샘꾸미선착장을 시작점으로 하면 호룡곡산~국사봉 코스가 된다. 섬의 대들보가 되어주는 호룡곡산과 국사봉 두 봉우리를 중심으로 그 둘레에 소무의도, 하나개해변, 실미해변이 자리 잡고 있다. 시작점과 목적지만 정하면 어디로 가든 산과 바다를 아우르는 트레킹을 즐길 수 있다.

어려운 산행은 아니지만, 산자락을 따라 걷는 동안 매점이나 식당은 찾아볼 수 없을 테니 마실 물과 간식을 챙기지 않으면 낭패다. 트레킹 후에는 하나개해변에서 다양한 체험을 즐기며 트레킹으로 쌓인 피로를 날려보자.

알고 가면 더 좋다

무의도 코스

큰무리착장 — 버스로 20분 — 실미해변 — 버스로 30분 — 소무의도 — 버스로 30분 — 하나개해변

★ 영종도 잠진도선착장에서 무의도행 페리호는 매시간 15분과 45분에 출발한다. 무의도에서 잠진도선착장으로는 매시간 정각과 30분에 출발한다. 첫 배는 오전 7시 마지막 배는 오후 8시이나 시기별로 조금씩 차이가 있을 수 있다. 무의도에서는 순환버스(중구1번)를 타고 섬을 돌아볼 수 있다.

추천 트레킹 코스
1. 소무의도~호룡곡산: 1.9킬로미터, 50분
2. 하나개해변~호룡곡산: 2.5킬로미터, 1시간 10분
3. 호룡곡산~국사봉: 2.4킬로미터, 1시간 20분
4. 하나개해변—호룡곡산—국사봉—실미해변: 7킬로미터, 3시간 30분

호룡곡산

무의도 트레킹의 주요 경유지이자 목적지인 호룡곡산 정상은 무의도가 자랑하는 전망대이기도 하다. 남서쪽으로 영흥도, 대이작도, 덕적도 등이 한눈에 들어오고, 남동쪽으로는 소무의도와 팔미도, 대부도, 선재도를 볼 수 있다. 시야가 좋은 날에는 송도국제도시도 희미하게 눈에 들어온다. 특히 하나개해변에서 호룡곡산으로 오르는 등산로 중 해안절벽을 따라 걷는 '환상의 길'을 걸어볼 것을 추천한다. 바다와 하늘이 그려낸 최고의 절경을 감상할 수 있을 것이다.

● **위치** 하나개 매표소 인천광역시 중구 하나개로 142

호룡곡산에서 본 무의도 풍경

실미해변

실미해변

큰무리선착장을 통해 무의도로 들어가면 가장 먼저 실미해변을 들를 수 있다. 영화 〈실미도〉로 유명해진 실미도는 실미해변과 마주보고 있으며, 물이 빠지면 걸어서 건너갈 수 있다. 실미해변은 성수기만 피해서 가면 평온한 휴양을 즐기기에 그만인 곳이다. 높지 않은 파도와 넓은 모래사장은 쓸쓸하리만큼 한적하다. 영화 세트장은 남아 있지 않다.

● **위치** 인천광역시 중구 큰무리로 102-70

소무의도

무의도 큰무리선착장에서 버스를 타고 20분이면 닿을 수 있다. 대무의도의 광명항과 소무의도의 떼무리선착장을 잇는 414미터

의 인도교가 놓이면서 소무의도를 찾는 여행자가 늘고 있다. 소무의도를 에두르는 2.5킬로미터 코스의 해안선 둘레길인 '무의바다 누리길'이 조성되었기 때문. 주요 장소마다 전망대가 있어 어느 쪽에서든 해안절벽과 기암괴석, 앞바다의 어선을 조망할 수 있다.

● **위치** 인천광역시 중구 소무의로 16번길 1

하나개해변

커다란 갯벌을 품은 모래 해변이 반원 모양으로 넓게 퍼져 있다. 2킬로미터가 넘는 해변은 무이도를 찾은 여행자들에게 재미있는 놀이터가 되어 준다. 소라, 바지락, 동죽을 잡는 갯벌 체험을 비롯해 해변

의 여유를 만끽할 수 있는 사륜바이크, 해변승마, 씨스카이월드 등 다양한 시설을 갖추고 있다. 특히 집라인 스포츠 시설인 씨스카이월드는 25미터 높이의 413미터 활강라인에서 와이어에 몸을 의지해 시속 50킬로미터로 두 팔 벌리고 하늘을 나는 스릴을 맛볼 수 있다.

- **위치** 인천광역시 중구 하나개로 150
- **사륜바이크** 2만 원 **해변승마** 1만 원 **씨 스카이월드** 1만3000원

인천 주민 추천 ★★★★☆

"무의도는 낚시하기에도 좋은 섬이죠. 바위 지대는 모두 낚시 포인트라고 보시면 됩니다. 우럭을 비롯해 농어, 숭어, 망둥어, 그리고 꽃게까지 올라오죠. 트레킹에 레포츠에 낚시까지 한 이틀 신나게 놀다 가세요."

- **주소** 인천광역시 중구 대무의로 26-3
- **입장시간** 7:00~20:00(영종도~무의도 배 시간)
- **입장료** 왕복 뱃삯 3000원
- **평균 소요시간** 머무르는 만큼
- **문의** 032-760-6880

서해 풍경의 꼭짓점
백령도

영종도에서 접근할 수 있는 많은 다른 섬과는 달리 서해의 최북단에 위치한 백령도는 인천여객선터미널에서 쾌속선을 타고 장장 4시간 이상을 가야 만날 수 있다. 인천 여행지 중 최장거리 여행지로서 그만큼 덜 알려지기도 한 곳이다. 한 예능 프로그램에서 소개되어 잠시 이름을 알리기는 했지만 북한과 마주 보고 있는 섬, 해병대가 지키는 섬 등 안보관광지 개념으로만 인식했던 게 전부. 하지만 사곶해변(천연비행장), 두무진 선대암, 심청각, 콩돌해안, 중화동교회 등 줄줄이 이어지는 절경을 둘러본 사람은 이곳을 서해 최고의 섬으로 손꼽는다.

백령도로 귀양 온 이대기(1551~1628년)가 '늙은 신의 마지막 작품'이라 표현했을 만큼 아름다운 천혜의 비경이 선사하는 볼거리도 다양하다. 국내 유일의 점박이물범 서식지로 바위 위에서 한낮의 햇살을 즐기는 물범을 관찰할 수 있으며, 현무암으로 둘러싸인 해변, 물을 마시는 코끼리의 형상을 한 바위 등 이색적인 풍광도 그림처럼 펼쳐진다. 아무리 가까이 다가가고 싶은 절경이라도 섬 전체가 군사보호구역으로 지정되어 있는 만큼 철책선이나 출입금지 표시가 된 곳은 출입을 삼가고 여행은 해가 지기 전에 마무리해야 한다. 생각보다 큰 섬이고 두무진 선대암은 배를 타고 나가서 보는 것이 가장 좋기 때문에 코스를 모두 돌아보려면 1박2일로 일정을 짜는 것이 좋다.

알고 가면 더 좋다

백령도 코스

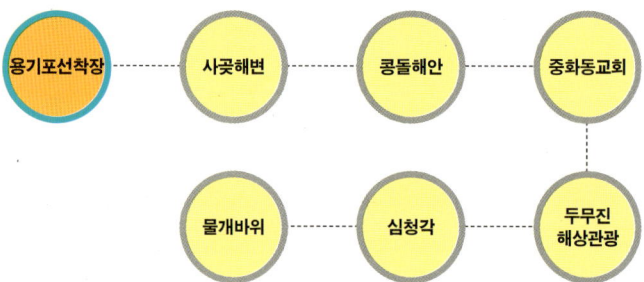

★ 인천 연안부두-백령도를 오가는 쾌속선이 오전 8시 50분, 오후 1시 하루 2번 출항하나 기상 조건에 따라 변동될 수 있다. 섬에서는 순환버스를 이용하면 된다. 순환버스는 1시간에 1대 정도 있다.

사곶해변

전 세계에 2개뿐인 천연비행장 중 한 곳으로 유명세를 날리는 곳이다. 썰물 때가 되면 모습을 드러내는 백사장은 길이 3킬로미터, 너비 250미터의 단단한 도로가 된다. 과거 군수송기의 이착륙장으로 사용되던 곳으로 일반인의 출입을 통제했으나 1997년에는 천연기념물 제391호로 지정하고, 이후 개방하여 보존에 힘쓰고 있다.

사곶해변

콩돌해안

콩돌해안

콩알만 한 자갈들이 해변에 널려 있어 콩돌해안이라 불린다. 콩돌은 백령도 지질의 대부분을 차지하는 규암(석영의 입자만으로 된 매우 단단한 암석)이 파도의 침식 작용으로 닳고 닳아서 만들졌다. 파도가 칠 때마다 차르르르 돌 부딪는 소리가 귀를 간지럽힌다.

중화동교회

1898년, 우리나라에서 두번째로 세워진 장로교회다. 교회 바로 옆에 초기 기독교 선교 역사를 전시한 백령기독교 역사관이 있다.

두무진 해상관광

하늘로 쭉쭉 뻗은 바위들이 마치 용맹한 장군들이 머리를 맞대고 회의를 하는 것 모양새라 해서 두무진頭武津이라 불린다. 두무진포구에서 출항하는 유람선을 타야만 제대로 감상할 수 있다. 코끼리바위와 형제바위를 지나 두무진 선대암을 둘러본다. 유람선의 선장이 직접 해설을 해준다.

두무진

심청각

백령도가 심청전의 배경이라는 사실을 아는지. 아버지의 눈을 뜨게 하려고 몸을 던진 인당수와 심청이가 환생했다는 연봉바위를 내려다볼 수 있는 곳에 있어 전망대로 활용되는 동시에 효 사상을 함양하는 전시 공간이기도 하다.

물개바위

동물원 물범이 아닌 야생 물범을 볼 수 있는 곳. 물개바위는 백령도의 자랑 점박이물범(천연기념물 제331호)이 종종 출몰하는 곳이다. 4월부터 10월 사이에 찾으면 물범의 모습을 더욱 쉽게 관찰할 수 있다. 보호해야 할 천연기념물이므로 일정 거리를 두고 봐야 하니 좀더 자세히 보고 싶다면 망원경을 가져가는 것이 좋다.

인천 주민 추천 ★★★★☆

"섬에 들어오기까지가 어려워서 그렇지, 일단 들어오면 섬의 매력에 푹 빠지게 될 겁니다. 서해에서 가장 깨끗한 바다를 만나볼 수 있고, 사곶해변이나 콩돌해안 같은 어디서도 볼 수 없는 특별한 해변(사곶해변, 콩돌해안)이 펼쳐져 있죠. 한겨울 눈 덮인 두무진의 기암괴석도 백미랍니다."

- **주소** 인천광역시 옹진군 백령면 백령로 12-1
- **입장시간** 8:50~13:00(인천여객선터미널~백령도 배 시간)
- **입장료** 출항 뱃삯 6만2500원, 입항 뱃삯 6만1000원
- **평균 소요시간** 머무르는 만큼
- **문의** 032-899-3510, www.baengnyeongdo.com

백령도 점박이물범은?

2014 인천아시안게임 마스코트로 지정돼 주목을 받은 백령도 점박이물범은 남북한 평화를 상징하던 동물이기도 했다. 서해에 남은 마지막 해양포유류로 과거 8000여 마리까지 서식했으나, 무리한 관광·어업 행위, 기후 변화로 인한 천적 증가, 서식지 고립 등의 이유로 이제는 250여 마리만이 남았다. 이에 환경부는 2004년 점박이물범을 멸종위기 야생동물 2급으로 지정해 보호하고 있다. 문화재청도 천연기념물 제331호로, 해양수산부도 보호대상 해양생물로 지정했다.

무엇을 먹을까

아로이아로이 (영종도)

똠얌꿍을 비롯해 태국 전통식 요리를 맛볼 수 있다. 태국에서 가져온 전통 인형과 소품이 실내를 아름답게 장식하고 있다. 태국 현지인이 요리사로 있어 태국 요리의 진수를 맛볼 수 있다. 다만 향신료 향이 다소 강한 편이라 처음 접하는 사람에게는 낯설게 느껴질 수도 있다.

- **가는 길** 국제업무단지 공항청사 앞 IBC디오빌 1층
- **주소** 인천광역시 중구 공항로 424번길 72
- **문의** 032-743-1531
- **휴일** 연중무휴

해송쌈밥 (영종도)

영종도에서 가장 유명한 쌈밥집. 언제 가도 최소 30분은 기다려야 할 만큼 인기가 많은 곳이다. 하지만 길고 긴 기다림만큼의 보답이 있는 곳. 푸짐한 반찬도 훌륭하지만, 짜지 않은 우렁된장의 맛 또한 우수하다. 돼지양념불고기와 쌈채소를 비롯해 모든 반찬은 무한리필이 가능하다.

- **가는 길** 을왕리해변에서 302번 탑승 후 늘목 하차
- **주소** 인천광역시 중구 용유서로 164
- **예약 및 문의** 032-747-0073
- **휴일** 매주 월요일

황해해물칼국수 (영종도)

일단 비주얼에 한 번 놀란다. 큼지막한 대접 가득 채운 바지락과 쫄깃한 면은 먹어도 먹어도 끝이 없다. 깔끔하고 시원한 국물도 일품. 너무 오래 기다리는 게 싫다면 점심과 저녁 식사 시간은 피해가는 게 좋다.

- **가는 길** 인천공항 해안도로 끝 부분, 거잠포선착장 지나서 굴밥집 모여 있는 곳
- **주소** 인천광역시 중구 용유로21번길 3
- **예약 및 문의** 032-746-3017
- **휴일** 연중무휴

황신혜조개구이 (영종도)

개업 당시 사장님이 배우 황신혜의 팬이었다는 이유로 황신혜조개구이가 되었다. 층층이 쌓아올린 푸짐한 조개더미가 이 집의 인심을 증명해준다. 매장 앞으로 끝없이 펼쳐진 마시안해변은 덤이다. 영종도의 절경을 벗 삼아 구워 먹는 조개의 맛은 환상적이다.

- **가는 길** 마시안해변 옆 조개구이촌
- **주소** 인천광역시 중구 마시란로 107-15
- **예약 및 문의** 032-751-0477
- **휴일** 연중무휴

무엇을 먹을까

예그리나레스토랑 (르쏘메, 영종도)

조용하고 세련된 실내 분위기에서 피자와 파스타 등의 메뉴를 즐길 수 있다. 테라스 너머로 한적한 마시안해변을 감상할 수 있으며 3층 전망대와 뒤뜰 잔디 정원도 레스토랑이 제공하는 뷰 포인트다. 언덕 아래 예그리나호텔에서 운영하는 레스토랑으로, 2인 이상 예약 시 공항에서 픽업도 해준다.

- **가는 길** 302번, 306번 버스 탑승 후 무의도 입구에서 내려서 5분 거리
- **주소** 인천광역시 중구 마시란로 51-30
- **예약 및 문의** 032-746-2228
- **휴일** 월요일

어부네(무의도)

무의도에 있는 식당으로 주인장이 직접 잡은 자연산 생선으로 뜬 회와 직접 캔 무의도산 바지락을 넣어 만든 칼국수를 맛볼 수 있다. 회덮밥은 주문 시 생선을 바로 잡아 만들기 때문에 싱싱한 식감을 자랑한다. 단, 이런 이유로 회덮밥은 2인분부터 주문이 가능하다.

- **가는 길** 하나개해변 입구
- **주소** 인천광역시 중구 하나개로 142-1
- **예약 및 문의** 032-752-9597
- **휴일** 연중무휴

사곶냉면(백령도)

백령도에 위치한 3대를 이어온 맛집으로 메밀로 뽑은 면발에 평양식의 조금 슴슴한 육수가 일품이다. 까나리액젓을 넣어서 먹는 게 특징이며, 돼지고기수육과 백령도 향토음식인 짠지떡도 맛있다.

- **가는 길** 사곶해변 입구
- **주소** 인천광역시 옹진군 백령면 사곶로122번길 54-19
- **문의** 032-836-0559
- **휴일** 연중무휴

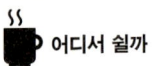 어디서 쉴까

카페오라 (영종도)

- **가는 길** 을왕리해변 입구 건너편 언덕
- **주소** 인천광역시 중구 용유서로 380
- **문의** 032-752-0888
- **휴일** 연중무휴

을왕리해변을 한눈에 전망할 수 있는 언덕에 자리 잡고 있다. 2009년 한국건축문화대상을 받은 모던하고 고급스러운 외관과 차분한 실내 인테리어에 반해 많은 이들이 이곳을 찾는다. 일반 카페보다 비싼 편이지만, 그만한 값어치를 하는 분위기 좋은 카페다. 서해의 하늘과 맞닿은 언덕에 있어 아름다운 석양을 감상하기에도 좋다. 전망을 위한 넓은 테라스를 따로 갖추고 있다.

에스프레소25 (영종도)

퓨전재즈 음악이 흐르는 해변 언덕의 아담한 카페. 복잡한 해변과 대비되는 한적하고 차분한 분위기가 이곳의 장점이다. 또한, 전면 통유리로 되어 있어 창밖으로 해변 풍경을 마음껏 즐길 수 있다.

- **가는 길** 을왕리해변 식당가 언덕, 호남횟집과 해군본부 사이로 진입
- **주소** 인천광역시 중구 을왕로 68-1
- **문의** 031-751-4194
- **휴일** 연중무휴

폼페이커피 (영종도)

을왕리해변 바로 옆 왕산해변 중심에 있다. 한여름에는 해변의 뜨거운 열정을, 한겨울에는 고요한 해변의 운치를 고스란히 느낄 수 있다. 커피 맛이 좋기로 유명하며, 널찍한 오픈 테라스가 있어 한가로이 휴식을 취하기에 그만이다.

- **가는 길** 왕산해변 중간 지점
- **주소** 인천광역시 중구 용유서로 423번길 23
- **문의** 070-8888-3471
- **휴일** 연중무휴

어디서 쉴까

카페리푸 (무의도)

무의도에 있는 리푸펜션에서 운영하는 카페로, 옥상 테라스에서 해안을 감상할 수 있다. 100% 우리쌀로 만든 호두과자, 와플 등 건강 간식을 맛볼 수 있으며, 더치커피도 훌륭하다. 펜션 투숙객을 위해 브런치도 따로 판매한다. 크고 화려하진 않지만, 아담한 운치가 매력적인 카페다.

- **가는 길** 무의도 순환버스 탑승 후 리푸펜션 하차
- **주소** 인천광역시 중구 대무의로 224
- **문의** 032-747-0053
- **휴일** 연중무휴

배미꾸미카페(모도)

배미꾸미조각공원을 둘러본 후 잠시 쉬어가기 좋다. 카페 창을 통해 조각공원과 바닷가를 내려다 볼 수 있고, 카페 안에도 눈길을 끄는 조각들이 전시되어 있다. 펜션을 함께 운영하고 있으며, 간단한 식사도 판매한다. 세련된 분위기의 카페는 아니지만, 한가롭고 평화로운 분위기 속에 쉬어가기에 그만이다.

- **가는 길** 모도 배미꾸미조각공원 내
- **주소** 인천광역시 옹진군 북도면 모도로140번길 41
- **문의** 032-752-7215
- **휴일** 연중무휴

프라임게스트하우스 (영종도)

다수의 국내외 여행자들이 추천하는 게스트하우스다. 해외 체류 경험이 많은 직원들의 능통한 회화 실력과 각국 손님의 특성을 이해하는 맞춤형 서비스를 자랑한다. 글로벌 웹사이트 아고다와 트립어드바이저에서 인천시 게스트하우스 고객 평점 탑 랭킹에 올라 있기도 하다.

- **가는 길** 인천공항에서 픽업(오후 3시~11시), 센딩(오전 6시~9시) 서비스 이용
- **주소** 인천광역시 중구 공항로424번길 72 IBC디오빌 7층
- **예약 및 문의** 032-743-0014, www.incheonprime.com

크라운게스트하우스 (영종도)

세탁기, 전자레인지를 포함한 가전제품들이 구비되어 있고, 호텔 룸처럼 편안한 객실을 저렴한 가격에 이용할 수 있다는 것이 장점. 외국인 여행자들에게도 좋은 호평을 받아온 곳이다.

- **가는 길** 인천공항 3층 12번 게이트에서 순환버스 탑승 후 국제업무단지에서 하차. 좌측 100미터 IBC디오빌 건물
- **주소** 인천광역시 중구 공항로424번길 72 IBC디오빌
- **예약 및 문의** 032-743-3334, www.crowngh.com

비앤비아다지오 (영종도)

유럽풍의 심플하고 정갈한 인테리어가 돋보이는 집이다. 햇살 가득한 35개의 창, 두꺼운 돌이 깔린 중정, 연못에 떨어지는 빗방울을 바라볼 수 있는 긴 복도, 노을과 별을 바라볼 수 있는 테라스 등 구석구석 힐링의 공간을 마련해두었다. 을왕리, 왕산, 무의도, 신도 등 어디로든 이동이 용이한 위치에 자리해 있다.

- **가는 길** 공항철도 운서역 하차 후 국민은행사거리에서 우회전, 은골사거리를 지나 안골2마을 100미터 전방 초롱공원 맞은편
- **주소** 인천광역시 중구 신도시북로88번길 49-8
- **예약 및 문의** 010-4696-5784, www.bbadagio.x-y.net

어디서 잘까

빈티지 게스트하우스 하루 (영종도)

독채 별장형 게스트하우스로 오직 하루 한 팀만을 받는다. 게스트하우스 겸 파티 전문 공간이며, 파티를 예약할 경우 파티 플래너와 상담 후 맞춤형 파티를 준비해준다. 번화한 시내와 떨어진 곳에 있고, 시원하고 탁 트인 경치를 곁에 두고 있어 조용히 쉬어가기에도 좋다.

- **가는 길** 302번 탑승, 늘목에서 하차 후 시골길을 따라 도보 5분
- **주소** 인천광역시 중구 늘목로 19
- **예약 및 문의** 010-2677-9079, www.cyworld.com/pensionharu

아야미 게스트하우스 (영종도)

공항에서 15분 거리에 위치한 조용한 전원주택 단지에 있다. 빨간 울타리와 벤치, 초록 잔디, 미니분수, 물레방아로 꾸며진 아름다운 정원에 발을 디디는 것만으로도 마음은 위로를 얻는다. 깔끔하게 정돈된 실내는 내 집에 온 듯 편안한 분위기를 안겨준다. 외국인 전용 게스트하우스로 외국인 친구와 방문할 숙소로 추천한다.

- **가는 길** 인천공항, 운서역에서 픽업·센딩 서비스 이용
- **주소** 인천광역시 중구 백운로387번길 21-5
- **예약 및 문의** 032-746-3939, www.ayamiguesthouse.com

호텔 휴 인천에어포트 (영종도)

모던한 복층 구조의 객실로 여유 있는 공간을 제공하고, 쾌적한 침구류는 투숙객의 안락한 쉼을 책임진다. 최고급 호텔은 아니지만, 합리적인 가격으로 좋은 전망과 편안한 하루를 누릴 수 있는 곳이다. 대부분 객실에서 광활한 마시안해변을 조망할 수 있다.

- **가는 길** 마시안해변 가는 길, 황해해물칼국수 뒤편 언덕
- **주소** 인천광역시 중구 마시란로 51-29
- **예약 및 문의** 032-751-3800, www.hotel-hue.co.kr

 **어디서 잘까**

이솔라펜션(시도)

2개의 넓은 수영장과 고급 스파를 갖춘 시도의 커플 펜션으로, 이국적인 건물 외관이 눈길을 끈다. 보드게임과 쿠키 만들기 체험을 즐길 수 있고, 자체 카페를 보유하고 있으며, 셀프 원두커피도 제공된다. 시도의 대표적 여행지인 수기해변까지 20분이면 갈 수 있어 해변까지 산책을 나서기에도 좋다.

- **가는 길** 시도리종합운동장 맞은편 수기해변 가는 길목
- **주소** 인천광역시 옹진군 북도면 시도로86번길 25
- **예약 및 문의** 032-752-9255, www.isolapension.com

리푸펜션(무의도)

무의도 바닷가의 예쁜 펜션이다. 무의도에 있는 모든 여행지가 버스로 5분~10분 거리에 있어 접근성이 좋다. 인천공항과 인천대교까지 한눈에 감상할 수 있는 전망을 자랑하며, 펜션 전용 해변을 보유하고 있다. 주인장 내외의 친절함도 투숙객의 만족도를 높인다.

- **가는 길** 무의도 순환버스 탑승 후 리푸펜션 하차
- **주소** 인천광역시 중구 대무의로 224
- **예약 및 문의** 032-747-0053, www.lifou.kr

아일랜드캐슬(백령도)

백령도에서 가장 깔끔한 시설을 자랑하는 곳으로 객실마다 화장실과 샤워실 등 각종 편의시설을 갖췄다. 3층으로 이뤄진 아담한 규모이지만 한국관광공사가 인증한 우수숙박업소다. 7000원으로 뷔페식 한식을 즐기는 식당도 함께 운영한다.

- **가는 길** 백령면 읍내에서 백령병원 지나 S-OIL백령주유소 옆길 진입
- **주소** 인천광역시 옹진군 백령면 진촌리 316-3
- **예약 및 문의** 032-836-6700, www.islandcastle.kr

이렇게도 가보자

★ 날짜별 코스

당일치기 코스
짜장면박물관—송월동 동화마을—자유공원—(점심식사)—소래포구—소래습지생태공원

짜장면박물관—근대건축물거리—신포국제시장—(점심식사)—배다리 역사문화마을—수도국산 달동네박물관

1박 2일 코스
첫째날 근대건축물거리—자유공원—짜장면박물관—(점심식사)—송월동 동화마을—신포국제시장—배다리 역사문화마을
둘째날 소래포구—소래포구습지생태공원—(점심식사)—을왕리해변—마시안해변

첫째날 짜장면박물관—송월동 동화마을—자유공원—(점심식사)—소래포구—소래습지생태공원
둘째날 전등사—동막해변—(점심식사)—장화리 낙조마을

2박 3일 코스
첫째날 근대건축물거리—자유공원—짜장면박물관—(점심식사)—소래포구—소래습지생태공원
둘째날 인천국제공항—을왕리해변—(점심식사)—무의도
셋째날 전등사—동막해변—(점심식사)—석모도

첫째날 짜장면박물관—자유공원—신포국제시장—(점심식사)—배다리 역사문화마을—수도국산 달동네박물관—월미테마파크
둘째날 소래포구—소래습지생태공원—(점심식사)—원인재—센트럴파크
셋째날 옥토끼우주센터—전등사—(점심식사)—석모도

★ 테마별 코스

가족과 함께하는 코스

1안 짜장면박물관—송월동 동화마을—수도국산 달동네박물관—월미테마파크
2안 전등사—옥토끼우주센터—짜장면박물관—문학야구장

근대사 일주 코스

짜장면박물관—근대건축물거리—자유공원—배다리 역사문화마을—수도국산 달동네박물관—소래포구—소래습지생태공원

날씨와 상관없는 박물관 코스

짜장면박물관—수도국산 달동네박물관—한국이민사박물관—인천시립박물관

친자연주의 코스

자유공원—소래습지생태공원—전등사—장화리 낙조마을—신도·시도·모도—백령도

저물 무렵 떠나는 낙조 코스

자유공원—소래습지생태공원—장화리 낙조마을—석모도—영종도(마시안해변)—신도·시도·모도(배미꾸미조각공원)

캠핑하기 좋은 코스

동막해변—석모도—을왕리해변—무의도—신도·시도·모도

바다 곁에 놀고먹는 코스

월미테마파크(놀이기구)—소래포구(어시장)—동막해변(캠핑)—을왕리해변(해수욕)—무의도(트레킹)—신도·시도·모도(자전거 라이딩)

추천 풍경 코스

근대건축물거리(개항기 근대건축물)—소래습지생태공원(이국적인 풍차, 염전)—송도G타워 전망대(센트럴파크와 동북아트레이드타워, 인천대교)—전등사(대웅보전, 수령 500년 은행나무, 정족산성)—장화리 낙조마을(갯벌 위 황금빛 석양)—석모도(보문사 500나한, 들판으로 쏟아지는 석양)—신도·시도·모도(배미꾸미조각공원, 바닷가 낡은 어선들)

휴식이 필요한 당신을 위한 맞춤 인천 여행
쉼표, 인천

1판 1쇄 펴냄 2014년 9월 20일

지은이 이환길 | **펴낸이** 김경태 | **마케팅** 박정우 | **편집** 홍경화
디자인 Studio Marzan 김성미 | **지도 제작** 한승일
사진 제공 (주)토픽이미지 표지 (재)인천문화재단 트라이볼 p14 권오경(포토그래퍼) p258 로맨틱 큐브 p205 바다향기펜션, 무지개펜션 p211 비앤비아다지오 p257 스파펜션수목어 p144 아름다운 사랑이머무는곳 p207 연합뉴스 p190 예그리나레스토랑 p15, p250 옹진군청 p10, 11, 13, 240, 243~246 이솔라펜션 p260 크라운게스트하우스 p256 프라임게스트하우스 p256 픽스게스트하우스 p145 호텔아띠 p93 호텔에버리치 p206 호텔 휴 인천에어포트 p259
펴낸곳 퍼블리싱 컴퍼니 클
출판등록 2012년 1월 5일 제311-2012-02호
주소 122-842 서울시 은평구 연서로26길 25-6
전화 070-4175-4680 | 팩스 02-354-4680 | 이메일 editor@bookkl.com

ISBN 979-11-85502-09-0 13980

이 도서의 국립중앙도서관 출판예정도서목록(CIP)은 서지정보유통지원시스템 홈페이지
(http://seoji.nl.go.kr)와 국가자료공동목록시스템(http://www.nl.go.kr/kolisnet)에서
이용하실 수 있습니다.(CIP제어번호: CIP2014025992)

이 책은 저작권법에 의해 보호를 받는 저작물이므로 무단 전재 및 무단 복제를 금합니다.
잘못된 책은 바꾸어드립니다.